TED演讲的技巧：
18分钟高效表达的秘诀

TED

刘金来◎编著

中国纺织出版社

内 容 提 要

　　或许你没有机会登上真正的TED舞台，但生活中处处是舞台，如商务演讲、会议、学校、婚礼以及其他特定场合，在任何一个公共场合，你都可以用高效的表达方式去传递自己的想法，得到人们的欢迎。

　　本书通过深入分析TED演讲的技巧与经验而得出18分钟高效表达的秘诀，对演讲的准备、故事、开场白、结尾，以及语言、肢体语言、互动、辅助工具等各方面进行逐一解读，并以特定场合的实践例子，助你在生活工作的舞台上作精彩的"TED演讲"。

图书在版编目（CIP）数据

　　TED演讲的技巧：18分钟高效表达的秘诀／刘金来编著.—北京：中国纺织出版社，2018.7（2023.12重印）
　　ISBN 978-7-5180-5007-9

　　Ⅰ.①T… Ⅱ.①刘… Ⅲ.①演讲—语言艺术 Ⅳ.①H019

　　中国版本图书馆CIP数据核字（2018）第096858号

责任编辑：闫　星　　特约编辑：王佳新　　责任印制：储志伟

中国纺织出版社出版发行
地址：北京市朝阳区百子湾东里A407号楼　　邮政编码：100124
销售电话：010—67004422　传真：010—87155801
http://www.c-textilep.com
E-mail：faxing@c-textilep.com
中国纺织出版社天猫旗舰店
官方微博http://weibo.com/2119887771
三河市延风印装有限公司印刷　　各地新华书店经销
2018年7月第1版　　2023年12月第17次印刷
开本：710×1000　1/16　印张：13
字数：180千字　定价：36.80元

TED演讲为什么能够风靡全球？为什么不超过18分钟的演讲，平均点击率却超过百万次，最高的甚至超过2500万次？即便连比尔·盖茨、史蒂芬·霍金、阿尔·戈尔这样的商界、学界与政界精英都竞相登上TED的舞台。

TED是一个非营利性组织，致力于传播那些激动人心的想法，题目范围设定为科技（technology）、娱乐（entertainment）和设计领域（design），因此得名TED。TED演讲只有短短18分钟，但即使只是18分钟纯粹的灵感激发，其极具影响力的内容，幽默风趣的表达方式，巧妙的结构设计，也总是令全球的听众如痴如醉。究其原因，在于优质的演讲内容和精彩的演讲方式。其中，演讲方式是值得我们学习的。

TED演讲一般不会超过18分钟，却能够向听众完整地传递一个好的想法。其秘密在于：首先是风趣的语言，这是TED演讲快速传播的基本原因；其次是表达方式，从口头语言到是肢体语言，以及语音、语速、语调、停顿的运用，都大大提升了演讲本身内容的爆发力；最后是各种设计元素的搭配，如幻灯片、视频以及道具。以上三个重要因素构成了TED演讲成功的秘密。

TED演讲的特点是毫无繁杂冗长的专业讲座，观点响亮，开门见山，种类繁多，看法新颖。由于18分钟的限定，预示着这是一次简短而有力的演讲。结构、故事、论据，辅助工具，有声语言、无声语言的使用，综合运用起来汇成引人瞩目的TED演讲。

Celeste Headlee 在TED舞台作了《如何成为一个更好的交谈者》的演讲，并指出促进沟通的十个方法：不要三心二意，不要好为人师，使用开放性的问题，顺其自然，如果你不知道就说不知道，不要把自己的经历和别人比较，别重复自己的话，少说废话，认真倾听，简明扼要。在演讲中，这些经验同样值得我们借鉴。

本书为你提供的TED演讲技巧，是在通过对最受欢迎的TED演讲进行仔细分析的基础上提出的，重在阐述18分钟高效表达的秘诀。或许你是一个热衷于TED演讲的爱好者，或许你是一个正在苦恼如何作好演讲的新手，或许你是根本不知道TED演讲的路人甲，但这些都不妨碍你来阅读这本书，这本书不仅能帮助你了解TED演讲，更能令你从中学习到一些实用的演讲技巧及演讲经验，使你终生受益。

编著者

2018年6月

目录

内容篇

技 术 篇

实 践 篇

内容篇

TED演讲在于开口的18分钟就需要将演讲者本身想要传递的内容有效地传递出去，并且让听众易于接受。因此，对于整场演讲最关键的内容部分，需要精心有序地准备，如此才能在有限的时间内将更多的信息传递出去。

第01章　积累材料，精彩内容源于生活

俗话说："巧妇难为无米之炊。"TED演讲的材料从哪里来？当确定一个演讲主题之后，就要围绕主题准备材料，这些材料既有理论的，又有实际的，必须两者结合，才能做到言之有物。

获取演讲需要的材料

一般来说，获取材料的基本途径有：首先是直接材料，这是我们在日常生活、工作、学习中通过自己的观察、体验、感受、调查、研究所得到的材料；其次是间接材料，这是我们从书籍、报刊、文献中所得到的材料；最后是创见材料，这主要是我们在获取大量的直接材料和间接材料的基础上经过归纳、研究、分析所得到的新材料。收集材料是演讲非常重要的一个步骤，它是充实演讲主题、充分证明论点的有力条件。所以，收集材料不能盲目进行，要遵循定向、充分、真实、新鲜、典型、具体和感人的原则。

美国总统林肯按照美国风俗习惯戴着一顶高帽子，他总是随时带着笔，把一些句子记在碎纸片、旧信封上面，然后摘下帽子，把它们放在里面，再把帽子戴上。在工作闲暇之余，他就会取出那些碎纸片、旧信封，并加以整理，分门别类，抄在本子上，以备将来演讲的时候用。而林肯总统在作了多次成功的演讲之后，告诉我们：要想使自己的演讲获得成功，就必须占有大量的材料，而要想占有大量的材料，就必须要随时随地做大量的积累工作和整理工作。

作为演讲者，应该明确自己所需要的资料，然后按照顺序收集和整理。

🎤 TED演讲箴言

1.真实材料

所谓真实，就是指材料的客观性，即所选材料是客观世界确实存在的，并且符合历史实际的。只有真实的材料才具有说服力，才最有利于人们形成坚定的信念。那些随意臆造和虚构的材料，势必会与事实发生冲突，也一定会被揭穿。

为了保证材料的准确性和可靠性，必须交代材料的出处，比如，你在引用事例的时候，必须讲清是什么人、什么时候、在什么地方、干什么事，为什么以及怎么样。这样才会增强真实感，提高信息的可信度和影响力。

2.典型材料

选取的材料，既要求真实，又要求典型。典型性由于其深刻揭示事物本质，因此具有代表性，有较强的说服力。演讲的目的在于说服人、鼓动人。因而，要认真审慎地收集那些最能说明主旨、最具代表性的事实材料和事理材料，防止和避免材料的平淡化。典型材料与一般材料是相比较而存在的。只有在充分掌握许多材料的基础上，才能有比较余地，才能分出高下。在对众多材料进行比较时，要发现典型材料，关键在于演讲者的观察分析能力和思想认识水平。

3.充足材料

材料要充足，演讲要求大量地、详尽地收集并占有材料，既要纵向了解事物发生、发展的经过，又要横向了解事物各方面的联系；不仅要正面了解事物，还需要从反面来了解事物，这样才能多方位、多角度进行分析、比较，从而避免认识上的主观性和片面性。材料越充分，思路就越开

阔，论据就越充分，就越能正确有力地阐明观点，产生令人信服的雄辩力量。如果材料不足，往往难以言之成理，很难实现预定的目标。

4.具体材料

具体，是相对抽象笼统而言的。有些材料虽然真实、新鲜、典型，但由于详略处理不当，即便讲清了来龙去脉，也使人感到"不够味""不解渴"。这恐怕就在于叙述太简略笼统。出现这种情况的原因，对于事例型的感性材料来说，往往是忽视了对重点材料的必要的渲染；在演讲的时候，有必要对那些重点内容进行较为详细的阐述，作必要的渲染，这样才能显得具体，给人留下明晰的印象。

5.定向材料

收集材料要把准方向，防止盲目性和随意性。时间和精力不容我们有见必记、有闻必录，我们必须把准方向，有计划、有针对性地收集材料。所谓把准方向，就是围绕论题进行，根据论题划定的区域范围，按计划、有重点地工作。

选择的论题要大小适中，不宜太窄，也不宜过宽。太窄，往往会漏掉与之相关的材料，使用时没有回旋余地；太宽，往往难抓住主线和重点，以致内容芜杂臃肿，削弱和冲淡主题。

6.新鲜材料

新颖别致，是就听众的感觉而言的。演讲者立论高妙，演讲材料新鲜，就能较好地激起听众的新奇感，引起注意。如果演讲者"人云亦云"，重复使用别人用滥了的材料，就会令人感到乏味，甚至反感。因此，要尽量防止和避免材料的雷同。

要产生新鲜感，一方面要留心收集现实生活中新近发生的事情，另一方面也要善于收集那些过去早已发生但并不为人所知的事例。此外，还要善于观察分析，抓住现实中看似一般的材料，从中挖掘出新意来。这些当然不是信手可得的，必须有耐心、有韧劲。

7.感人材料

在演讲活动中，要注意选取能提高听众兴趣和打动听众感情的材料。在现实生活中，许多感人的事情都是看似违背常理、出人意料、不可思议，但又在情理之中的。在现实生活中，有许多感人的事例，关键在于要善于发现这种有违常理事例的特殊性。此外，演讲要感人，讲人们的奋斗经历，讲与听众切身利益相关的事，这样更容易被接受。

多积累必不可少的小故事

说话本身带来的感染力通常是较少的，毕竟你所说的大多都是枯燥呆板的内容，你可以看看大多数的公众场合的说话，无一例外的都是"第一、第二、第三"，诸如此类的条条框框，整个说话过程没有丝毫的趣味性。而对于听众来说，他们更希望听到一些有趣的内容，如有寓意的小故事，希望通过这些故事得到启发。这样的说话不仅能调动听众的积极性，同时也能有效地增强说话的趣味性。

在一次讨论会上，一位著名的演说家没讲一句开场白，手里却高举着一张20美元的钞票。

面对会议室里的200个人，他问："谁要这20美元？"一只只手举了起来。他接着说："我打算把这20美元送给你们中的一位，但在这之前，请准许我做一件事。"他说着将钞票揉成一团，然后问："谁还要？"仍有人举起手来。他又说："那么，假如我这样做又会怎么样呢？"他把钞票扔到

地上，又踏上一只脚，并且用脚碾它。而后他拾起钞票，钞票已变得又脏又皱。"现在谁还要？"还是有人举起手来。"朋友们，你们已经上了一堂很有意义的课。无论我如何对待那张钞票，你们还是想要它，因为它并没贬值，它依旧值20美元。人生路上，我们会无数次被自己的决定或碰到的逆境击倒、欺凌甚至碾得粉身碎骨。我们觉得自己似乎一文不值。但无论发生什么，或将要发生什么，在上帝的眼中，你们永远不会丧失价值。在他看来，肮脏或洁净，衣着齐整或不齐整，你们依然是无价之宝。"生命的价值不依赖我们的所作所为，也不仰仗我们结交的人物，而是取决于我们本身。我们是独特的——永远不要忘记这一点！

在说话过程中，当你想阐述一些道理的时候，如果纯粹从理论上来说明，用口号呼吁，这样明显很困难，而且会让听众感觉枯燥无味。但是，如果你通过列举有寓意的小故事中来进行解释和说明，那就能够有效地阐述观点，说明道理，从而让听众信服，而且能让内容充实，形式活泼，让听众很感兴趣。

如果演讲者能在说话过程中引用一些有寓意的小故事来阐述道理，那无疑可以增强说服力和感染力，使语言表达言之有据、生动形象。当然，要想达到这一点，我们首先需要做的就是多积累那些有寓意的小故事，有效地增强自己的文化底蕴。

🎤 TED演讲箴言

为了增强自己的文化底蕴，我们需要多多积累有寓意的小故事，在具体操作时，还需要注意以下几个问题：

1.多积累身边的故事

多积累身边的普通人、普通事，那些伟大的人、伟大的事固然感染人，但毕竟与普通人的生活距离较远，这些很难引起听众的兴趣。积累一些身边的事情，用听众的身边人、身边事来启发听众，对听众更有说服力，效果会更好。

2.多积累历史故事

中华民族历史悠久，留下了光辉灿烂的文化，其中那些有寓意的小故事可谓是数不胜数，历史故事有其特有的生动性、趣味性和深刻性，对于说明道理、吸引听众有着十分重要的作用。比如，说"兼听则明"的道理，肯定会列举"唐太宗从谏如流"或"唐高祖广纳众议"这样的历史故事。

文化底蕴使你的演讲更有趣

幽默生动的语言可以更有效地传情达意，增加互相了解，说话者以幽默坦然待人，可以使听众解除心理上的顾虑，从而缩短彼此心理上的距离。另外，在公众场合运用幽默贴切的语言，会使听众有畅所欲言、表露真实感受的想法，这时说话者就可以了解听众的愿望、动机以及目的。

一个说话风趣幽默的人，他的文化底蕴通常是较为深厚的。因为幽默是最能表达一个人修养与涵养的方式，所以，古今中外，所有说话幽默与富有风趣的说话者，无不受到大众的欢迎和敬佩。

对于TED演讲来说，获得听众的好感才是说话成功的关键之一，而幽默正是获得听众好感的有效方法。在较为正式或严肃的说话过程中加上幽默贴切的语言，往往会让气氛活跃起来，同时也会让说话者的紧张感在笑声

中得到放松。

在2000年8月举行的南部非洲发展共同体首脑会议上，曼德拉一连串妙语连珠的幽默话语征服了上千名与会者。他走到讲台前说："这个讲台是为总统们设立的。我这位退休老人今天上台讲话，抢了总统的镜头。我们的总统姆贝基一定很不高兴。"话音刚落，笑声四起。这时，主持人为他搬来一把椅子，请他坐下演讲。他在谢过主持人后说："我今年82岁，站着讲话不会双手颤抖得无法捧读讲稿，等到我百岁讲话时你再给我把椅子搬来。"会场里又是一阵笑声。曼德拉在笑声后开始正式发言。

讲到一半，他把讲稿的页次弄乱了，不得不来回翻看。他脱口而出："我把讲稿页次弄乱了，你们要原谅一位老人。不过，我知道在座的一位总统，在一次发言时也把讲稿页次弄乱了，而他自己却不知道，照样往下念。"这时，整个会场哄堂大笑。"其实，讲稿不是我弄乱的，秘书是不应该犯这样一个错误的。"结束讲话前，他说："感谢你们把用一位博茨瓦纳老人名字命名的勋章授予我这位老人。我现在退休在家，如果哪一天没钱花了，我就把这个勋章拿到大街上去卖。我肯定在座的一个人会出高价收购的，他就是我们的总统姆贝基。"这时，姆贝基情不自禁地笑出声来，连连拍手鼓掌，会场里掌声一片。

曼德拉幽默的语言调动了人们的情绪，那种场合都是极为严肃的，所以在场的人们也不会去过多地关注某个人。但是曼德拉幽默的语言给大家带来了欢乐，也调动了他们积极倾听的情绪。

演讲者想要风趣幽默，需要其本身具备一些基础和条件，也就是具备一定的文化底蕴，这样才能使演讲者的话充满风趣幽默和真情实感。

实际上，那些幽默风趣的说话风格往往来自深厚的底蕴。幽默在生活中无处不在，幽默的素材也是无处不有，关键在于作为说话者的你是否拥有那敏捷的思维以及发现素材的慧眼。幽默贴切的语言就是生动形象的语言，同时也是让听众饶有兴致地听下去的语言。

🎤 TED演讲箴言

1.较高的文化修养

演讲者语言修养高、文化知识丰富，对古今中外、天南海北、历史典故、风土人情等各种各样的知识都有所了解和掌握，那他再加上丰富的语汇、灵活多样的语言表达方式，这样说起话来就会得心应手，自然能说得幽默活泼、生动有趣。

2.较好的语言表达能力

幽默说话是说话者的聪明才智的标志，它要求说话者有较高的文化素养和较强的驾驭语言的能力。但是，在演讲过程中，幽默只是一种风格、一种手段，并不是目的，不能为幽默而幽默，一定要根据具体的题旨语境选用适当的幽默语言。

3.高尚的情趣和乐观的信念

恩格斯曾经说："幽默是表明人对自己的事业具有信心并且表明自己占有优势的标志。"幽默的语言通常是建立在演讲者有较高的思想境界和较高的涵养上的。如果是一位心胸狭窄、思想颓废的人，他是不会幽默的。因此，幽默永远属于那些拥有热情的人，属于那些生活的强者。

4.较高的观察力和想象力

幽默的讲话具有反应迅速的特点，这就要求演讲者本身必须思维敏捷、能言善辩。而这往往是来自对生活的深刻体验和对事物的认真观察。演讲者只有具备了较高的观察力、想象力，才能在演讲过程中灵活地运用比喻、夸张等方式讲出幽默的话语。

勤阅读，让演讲内容更充实

一个人演讲就是需要把自己肚子里的"货"倒出来，但如果肚子空空如也，那如何能展现自己的好口才呢？因此，要想做一个能说会道的人，就一定要注重自己的知识储备，只有自己拥有较好的知识储备，才能够自由随意地讲故事、说民谚，在任何时候都能够把知识信手拈来。

演讲，对于演讲者来说，要善于在自己的讲话中渗透知识性，说话既要深刻又要有力度，这样才能尽可能地给听众提供更多有价值的信息，让人感觉到"听有所获"，而不是觉得"白听了"。一个人的讲话直接体现了其认知水平和知识含量，如果说话没有深度，没有知识，那听众是不可能肯定他的讲话水平的。演讲内容要有知识性，要充实具体、言之有物。要做到这一点，就需要演讲者多读书，积累更多的知识，因为一个拥有好口才的演讲者肯定是一个拥有广博知识的人。

毛泽东同志一生酷爱读书，从青年到老年，即便是重病缠身、生命弥留之际，也从来没放弃过学习。他读书所涉猎的领域极其广泛，文、史、哲、军事、自然科学，可以说是古今中外无所不至。

有一年夏天，毛泽东同志到了武汉。夏天的武汉有火炉之称，但毛泽东同志仍坚持每天看书。由于书上的字比较小，只好加大照明度，这样房间里的温度就更高了，汗水不停地顺着他的脸颊往下淌。这时工作人员急忙送上了毛巾，请他把汗擦一擦。毛泽东同志接过毛巾，风趣地说："读书学习也要付出代价，流下了汗水，学到了知识。"

他十分喜欢阅读古典文学作用，如《水浒传》《西游记》《三国演义》《红楼梦》等书，他都读过很多遍，对那些古典小说中的许多历史人物、故事、典故都相当熟悉，这让他的语言充满了典故性且妙趣横生。

如果你还在为毛泽东同志那精辟的讲话感到敬佩，那想必现在你应该明白了为什么他会达到如此高的讲话水平。对于演讲者来说，就算不是为了追求"黄金屋""颜如玉"，也可以通过读书达到提高讲话水平的效果。我们可以这样说，"书中自有影响力，书中自有个人魅力"。

古今中外伟大的政治家、演说家，无一不是博览群书的。书里的知识，给他们带来智慧，让他们才思敏捷，让他们具备了与众不同的素养，由此，他们自然能在讲话时有与众不同的表现。

战国时的张仪为推行"连横"立下了汗马功劳，被誉为有"三寸不烂之舌"。他之所以能所向披靡，一个重要因素是他在说话的时候能够把自己的知识融入其中，言之有物，讲话内容充实具体。他充分了解各国的形势和军事力量，了解各国国君和将士的心理，从而对自己的游说目标非常明确，使被劝说者心悦诚服。

张仪正是因为掌握了各国国君和将士们的心理，再加上自己广博的学识，使自己的讲话言之有物，讲话内容也充实具体，所以才能够成功说服各国推行"连横"，而自己也为推行"连横"立下了汗马功劳。

培根说："读书足以怡情，足以博采，足以长才"。人们也常说："读书破万卷，下笔如有神。"说话也是如此，读书多的人，往往能出口成章，说得精彩；读书少的人，或者口齿木讷，或者不着边际，很多时候都是在重复堆砌一些辞藻。

说话者想要避免套话、虚话、空话连篇等"话"风不正的问题，就必须多读书，注意吸取古今中外思想文化的营养，开阔视野，拓宽知识面。

🎤 TED演讲箴言

1.尽量多积累知识

一个知识贫乏的演讲者，往往会鼠目寸光，显得心胸狭隘，讲话肤浅没有深度。这样的一个人如果被邀请讲话，很有可能当众被哄下台来。

演讲者对于知识的积累、材料的占有就如"韩信点兵，多多益善"。知识无疑是思想、感情得以成功的土壤，知识也是口才能够闪耀光彩、释放魅力的基础。如果你占有丰富的知识，不管你身在何处、何时、何地，都可以随机应变、左右逢源。

2.善于思考

积累了一定的知识，还需要善于思考。只有善于思考，才能出观点、出新意。否则，就会人云亦云，没有真知灼见；就会老生常谈，提不出新思路、新见解。真正新鲜生动、富于创造性的见解，与深入的思考是分不开的。

时事热点，为内容增鲜

朱熹在《礼记大学》中有这样一句话："苟日新，日日新，又日新。"意思是说，如果能够一天新，就应保持天天新，新了还要更新。演讲也是如此，有新意，才能给人耳目一新的感觉。一个演讲者，应该时刻关注时事，具备卓越的见识，如此他的眼光才会看得更远，才能走在时代的最前面，他的话题才能真正地与时俱进。

某市委书记在加强执政能力建设培训班上的讲话：

从某种意义上讲，心力有多大，能力才会有多强。我十分赞赏有的同志所讲：认真第一，能力第二。认真来自责任心，来自有心、用心、尽心。作为领导干部，在历史使命面前，我们只有一个选择，那就是尽心尽责，否则，我们就是历史的罪人。查阅历史，一个王朝覆灭之时，一个政党下台之时，并不是缘于没有人才，而是因为大家都没有责任心，好像事业好坏与己无关。"家宅将倾，视若观戏"；"马厩失火，处若邻人"。归根结底都是内因。

这样的话，上级领导爱听，下级听众听了也很受用。虽然说话本身要求真实、朴素，但并不排斥语言生动和创新。如果语言味同嚼蜡，或是灰头土脸，这样的话谁爱听呢？当然，要想自己说话有新意，我们还得多关注新近发生的时事，争取让自己的说话也与时俱进。

英国作家王尔德有这样一句名言：第一个把女人比作花的是天才，第二个把女人比作花的是庸才，第三个把女人比作花的是蠢才。人们总是喜欢新生事物，哪怕是听人讲话，如果人云亦云、鹦鹉学舌，或者虽是自己的语言，但老是那一套，就很难吸引人。所以要常变常新，不落俗套，做到有独到的见解。说话者要时刻为自己的话语里增添一些新鲜元素，使自己的语言充满新颖，而不是尽讲一些陈词滥调，否则就会让人对你的能力产生质疑。

我国著名的计算机专家、"两院院士"王选教授不仅在科技领域作出了杰出贡献，而且他的讲话个性十分鲜明，有强烈的口语化色彩，深受大家的欢迎。他的讲话，从没有外交辞令，他从不说那些没油没盐的话；更不喜欢人云亦云、套话连篇，像八十老太一样唠唠叨叨。

有一次，他在电视台做节目，主持人让嘉宾用一句话形容自己，王选教授说："我是一个曾经作过贡献，今天高峰已过，赶不上新技术发展

的计算机专家。"仅仅几句话，充分体现了他率真、坦荡的性格，很是耐人寻味。他说："一个科技工作者老是在电视上抛头露面，说明他的科学生涯快结束了。""名人要保持普通人的心态，要知道自己是一个过时的人。"身为"两院院士"，王选却认为院士这一称号是社会对科学家历史的一个肯定，"它是一个过去时态，而不是现在时态，更不是主宰未来方向的将来时态"。

有人向这位王教授讨教秘诀，但他只是说："我每天花了一小部分时间来阅读报纸，或者看看时事新闻，这样我所接触到的新鲜话题和新的语言就比较多了。"如果你天天不看报纸，不看电视，每天发生的大事情你也不知道。那么，办公室举行的茶话会，你是难以融入的，因为大家所说的都是最新的消息，而那些对于你来说是全然陌生的，你唯一的举动就是睁大眼睛很茫然的样子："有这事吗？我怎么没听说呢？"那你就只有当听众的份儿，而无法成为演讲的主角。

"与时俱进"就是演讲需要洋溢着时代气息，有时代感，要不断汲取发展着的、创造性的思想营养和语言营养成分，使语言充满生机与活力，而不是尽说一些老掉牙的话题。

🎙 TED演讲箴言

在实际演讲中，我们如何才能真正做到与时俱进呢？

1.语言有时代性

当你关注时事的时候，你会发现几乎每隔一段时间都会有一些新鲜的词语出炉，而这些语言就是需要你去学习并将它融入你的说话中去的，这会让你的语言更具时代性、新颖性。

2.话题有新颖性

这个世界每天都在发生大大小小的事情，如果你的话题还停留在前年或去年发生的事情上，那表示你的视野已经落伍了。你应该将新近发生的事情与自己的说话联系起来，从而让自己的话题更具新颖性。

积累好词好句，可信手拈来

演讲，不可缺少的是优美、精练的好词好句，这些词句巧妙组合才形成了一次精美的说话。美国前总统，同时也是世界闻名的演说家——林肯就喜欢积累一些好词好句，当他看到或听到一些较好的词句时就会用纸条写下来，然后放在自己的帽子里，以便于经常阅读和记忆。当他正式讲话时，他就可以巧妙地将那些平时积累下来的词句融入话语中。这个不寻常的习惯铸就了林肯一次又一次的成功演讲。因此，如果要想真正提升自己的文化内涵，就需要注重积累你所听到的好词好句，并将之转化成自己说话的内容，这无疑会为你的讲话添枝加叶。

当然，这些好词好句可以是古今中外的名言名句，因为它们有着较强的说服力。那些名言名句是名人生活经验的总结，或者是智慧灵感的闪现，往往富有哲理，发人深思。如果你在说话中引用一些名言名句，那么，不管是对增强话语说服力，还是对增加话语感染力，都是很有帮助的。除了那些名言名句以外，你还可以多积累平日里看到的优美的词句，或是人们嘴里蹦出来的有意思的语言，或者是颇有哲理的句子等。

在一次记者招待会上，某领导引用两位中国伟人的诗句来概括自己"今年和今后的工作"。一句引自毛泽东《忆秦娥娄山关》，"雄关漫道

真如铁，而今迈步从头越"，另一句则引自战国时代楚国爱国诗人屈原的《离骚》，"路曼曼其修远兮，吾将上下而求索"。在回答记者关于反腐败问题的提问时，他借用郭沫若著名史论文章《甲申三百年祭》，从"胜利使人骄傲，腐败使新生政权灭亡"的角度，分析了明末李自成农民起义失败的惨痛教训。

在回答俄罗斯记者有关中俄关系的提问时，他引用了俄罗斯谚语"是上帝让我们两国成为邻居"，以说明中俄友好合作的必要性和必然性。在谈到台湾问题时，他回顾了当年满清政府被迫割让台湾给日本的屈辱的《马关条约》，并连续引用台湾近代爱国诗人丘逢甲和当代乡土文学家钟理和的诗句："春愁难遣强看山，往事惊心泪欲潸。四百万人同一哭，去年今日割台湾。""原乡人的血，必须流返原乡，才会停止沸腾！"以此表达他对祖国统一的热切期望，就连在场的台湾记者也感到，有必要求助于资料库了。

这位领导者善于将自己脑海中的诗词、典故、格言、谚语等，巧妙运用于所要表达的意思当中，言简意赅。其素养之深厚，情感之细腻，爱心之深沉，让听者为之动心，为之动容，让一种升腾的美好情愫迅速撞击听者的心灵，让感动涟漪的冲击波缓缓扩散。当然，我们在听到这么多有哲理的名诗名句的同时，也感受到了这位领导者那深厚的文化底蕴。

不管是名言还是警句，积累越多，对我们的说话就越有帮助。当我们在说无私帮助的问题时，引用"送人玫瑰，手留余香"进行论述，简洁明了，说理深刻，并且给人美的感觉；我们在"企业评政府"的说话中，则可以引用《梁史》中"屋漏在上，知之在下"这句古语，简洁、深刻地说明"企业评政府""下评上"的意义，以给听众留下深刻的印象。

引用较好的词句是人们在讲话时经常会用到的手段，将自己的观点以及看法用较好的词句表达出来，可能比自己的语言更具有说服力。许多名家在讲话时都经常采用这样的方法，让听众感觉到字字掷地有声。

TED演讲箴言

但在具体使用这些好词好句时还需要注意以下几个问题：

1.学会用自己的话阐述

有的好词好句包含的意义比较多，在这时候，你就要善于用自己的话来对这些名言进行陈述。如此可以令自己更容易掌握这些说话的内容，也能使听众更容易明白。

2.准确地使用

在使用好词好句时需要注意其含义的准确性，尤其是一些名言警句，不能把它们念错了，那样不仅不能增添语言色彩，反而会闹笑话。引用的好词好句还应与话语的情境相协调，要引用最能说明问题的词句，并且要适可而止，不能滥用。

3.尽可能地使用原文

比如，引用奥斯特洛夫斯基所说的原句"人的一生应当这样度过：当他回首往事的时候，不因虚度年华而悔恨，也不因碌碌无为而羞愧"来谈人生意义，说理性很强。

第02章　事预则立，讲稿是演讲的基础

事实上，TED演讲告诉我们：没有什么真正的即兴演讲，任何一场精彩的演讲，背后都是反复的准备，尤其是演讲稿的准备。演讲者会拟定大致的演讲框架，然后花很长时间准备，最后演讲时，便会试图忘记一切，上台作一场出色的脱口秀。

如何撰写演讲稿

虽然讲稿是书面语言，但是在撰写的时候也需要充分考虑到它的口语特性。讲稿除了具有一般的书面语言和口语表达的特点外，还有自身独特的要求，如语言要准确、简洁、通俗平易，此外，语言还要贴合演讲者的身份，具备权威性、思想性、鼓动性这样三个特点。

1.权威性

演讲者讲话历来是宣传政见、安排部署工作的有效形式。讲话不同于一般的演讲和发言，目的是贯彻上级的指示精神，实施本级的决定，对分管工作提出科学性、指导性意见。因此，讲话具有一定的权威性和全局性、综合性、指导性、有效性。

2.思想性

讲话稿演讲具有一定的思想性、理论性、教育性，起点要高，立意要深，这样才能让人思考，让人信服，让人知道其所以然，从而打动听众。

3.鼓动性

讲话稿要达到某种政治目的，部署某项任务，针对形势、问题或某种思想动态展开富有启发性、示范性的议论，提出目标，发出号召，通过演讲起到激励、鼓动的作用。因此，讲话具有鼓动性。

而除此之外，讲稿同样具有自身的一些特征，这样才能使之成为一篇讲稿而不是一份枯燥的文件。

讲稿的主要特性

讲稿一般以口语的形式出现，因此，和其他语言形式相比，它具有自身独特的个性。

1.通俗易懂

讲话是一种口语表达形式，所以，它一定是人们日常生活中普遍的、通俗而平易的语言。写讲稿不同于一般的书面文章，需要使用口语化、个性化、规范化的语言。

讲稿是用于讲话的，而它的语言必须口语化。口语具有丰富多变的特点：它不仅有声有意，还有语音的轻重、语调的高低、语气的变化、停顿的长短、速度的快慢等特点。考虑到这些因素写成的讲稿，才能起到有效传递信息的作用。这样的讲稿才能令讲话者讲起来朗朗上口，听众听起来悦耳、易于记住。

讲话是用自己的语言讲出自己的思想，体现出自己的个性风格。个性化的语言是一个人思想、学识、阅历、才华、性格、气质以及语言修养的表现。只有运用有个性的、有风格的语言，讲话才能精彩感人。

2. 准确简洁

讲话是向大众传播自己观点、主张的一种语言形式，因此，要使用准确、简洁、规范化的语言。语言要清晰、确切地表达所要讲述的思想和事实，能揭示事物的本质和联系。这就要求我们在写作讲稿时要仔细地推敲每一个句子、词语，而且使用概念要准确，让自己的表达更加准确和简

洁。而简洁，就是用最少的字句，准确、完整地表达出所要陈述的思想内容。恩格斯说："言简意赅的句子，一经了解就能常常记住，变成口语；而这是冗长的论述绝对做不到的。"

3. 形象生动

语言大师老舍先生说过："我们最好的思想，最深厚的感情，只能被最美妙的语言表达出来。若是表达不出，谁能知道那思想与感情怎样好呢？这是无可分离的、统一的东西。"这里所说的"最美妙的语言"，就是指形象生动的语言。生动形象的语言可以把那些抽象的、深奥的理论具体化、浅显化，使讲话变得绘声绘色，使听众容易接受并得到启示；形象生动的语言可以给听众逼真的印象，从而感染和打动听众。只有在写讲稿时使用形象生动的语言，才能使讲话产生强大的说服力，才能准确形象地阐述真理、栩栩如生地描述事物，才能激发听众的热情。

那么，如何使语言显得形象生动呢？主要从以下几方面入手：第一，使用形象化的语言；第二，使用幽默诙谐的语言；第三，善用语言的修辞手段，如比喻、排比、设问和反问、反语、引用、感叹等；第四，使用多变的句式，如长句与短句、口语句与文言句、整句和散句等配合使用。

此外，还要注意使用规范化的语言。使用现代汉民族口头交际的普通话作为标准的口语语言，这是写作讲稿和发表讲话时必须遵循的原则之一。千万不要在讲稿里使用一些方言词句，要想使你所讲的内容为听众所接受，就必须在讲稿中使用规范化的语言。

讲稿的写作过程，就是运用所占有的一切有用的材料，利用一定的语言形式把主题思想表达出来的过程。它的好坏，直接影响到讲话的成功与否。所以，在写作的过程中，一定要认真对待，精益求精，不能敷衍了事，仓促应付。

TED演讲箴言

讲话与众不同的形式和要求决定了讲稿的独特之处，除了上面几点外，还表现在临场性、声传性和整体性上。

1. 讲稿的临场性

讲稿是供讲话用的，因此必然要考虑讲话的时空环境，要考虑听众的情况和可能出现的种种反应。所以，讲稿不但要考虑内容的针对性，还应该具有应变性。也就是说，在保持内容完整的前提下，要适当注意内容的收缩性。你可以多准备几个能说明问题的例子或生动幽默的趣闻轶事，以便在必要而恰当的时间插入。特别是讲稿开头、主体和结尾的撰写，都取决于讲话的内容、环境和听众的情况，要充分考虑它的临场性。

2. 讲稿的声传性

讲稿是根据口头表达的需要而写出的文稿，是现场讲话的依据，是由"心声"变有声语言的中介。因此，声传性是讲稿的显著特点。

为了发挥讲稿声传的特点，撰写讲稿要做到"上口"和"入耳"。所谓"上口"，就是指词句适合口语表达，要能讲得顺口，自然流畅，具有平时交谈时"讲"的特征；所谓"入耳"，是指听起来明白易懂，没有什么障碍。讲稿只有做到了上口和入耳，经得起说和听的考验，才能达到声传的目的，起到交流思想情感的作用。

3. 讲稿的完整性

讲稿是演讲者的思想修养和知识水平等方面的综合表现，一篇成功的讲稿是由许多相关因素构成的。讲稿作为口语表达的准备，必然受各种因素影响。撰写讲稿首先要明确目的，确定格局，否则就没有中心，头绪混乱；同时还需要感情真挚，语言动人，否则，就令人厌倦，缺乏感染力。

如果写讲稿只注意了某一方面而忽视了其他方面，就无法使讲话获得成功。

讲话稿是 TED 演讲的必备

许多人认为，讲话只要写个提纲、打个腹稿就行，不需要完整的准备；还有的人认为，有了成文的讲稿，讲话就会囿于文辞、照本宣科，使讲话失去其生动性和灵活性。这些看法都有一定的片面性。虽然照本宣科的念稿式讲话会使听众厌烦、反感，但是不能因为讲稿引起的这种消极影响而忽视了它在讲话中发挥的积极作用。其实，大凡那些成功的讲话，都是备有完整的文稿的。

🎤 TED演讲箴言

主要说来，讲话稿的作用表现在以下几个方面：

1.保证思路畅通，消除怯场心理

列提纲为讲话梳理了思路，规定了大致的方向；而成文的讲稿，则更加具体地描绘了语言表达的状况。如果讲话者预先撰写了讲稿，心中就有底，思路也就畅通无阻，便于消除演讲时的种种顾虑和恐惧心理，保持轻松的心情，并有利于全身心地加强态势技巧，全力发挥主动性和灵活性，使讲话声情并茂，并获得圆满成功。

2.避免临场发挥，增强语言感染力

在没有讲稿的情况下，讲话者在现场临时把思想转变为有声语言的过程很短，没有足够的时间来斟酌词句，必然会出现一些凌乱、啰唆、模糊和不必要的重复等口语表达的毛病。为了防止口头语中的各种偏差，必须减少现场临时斟酌词句的情况，预先写好讲稿。在这个过程中，经过认真、仔细的揣摩后写好的讲稿，就能避免词不达意、言不及义的现象。在正式讲话时再将这种书面语言的讲稿转变为有声语言，就能做到出口成章，大大增强语言表现力。

3.富有个性，提高讲话水平

讲稿的写作有别于一般文章的写作，也不同于平常的讲话记录。讲稿虽然是书面表达的形式，却要特别考虑口头表达的需要和临场的需要。它虽然最终用口语发表，但又具有规范、严谨的特点，并且有更为明确的目的性和清晰的条理性。无论是从发表形式还是从内容构成上看，讲稿的撰写都有其个性特征。这种特征是受讲话的特点影响和制约形成的。因此，通过对讲稿的撰写和研究，还可以促进和加深我们对讲话的各种技能技巧的研究，提高自身的讲话水平。

4.检验选材和提纲，保证内容的完善

人们认识问题往往都有一个由此及彼、由表及里、逐步深入完善的过程。讲话者在完成了材料的收集、整理和提纲的编列以后，内容已经有了大体轮廓，但它毕竟只是一个框架，而不是完整的文稿。如果仅仅根据提纲去讲，就有可能因为选材、组材和提纲的疏漏而出现一些不尽如人意的地方，也可能由于认识的偏差而出现临时性更改，这样无疑于自乱阵脚，还可能出现对于判断的程度、范围等的表述失当等诸多问题。

按照提纲写出讲稿，实际上就等于按照提纲进行默讲。这种默讲不像临场讲话那样一旦讲出就变成最终形式，在这个过程中，讲话者还有多余的时间对自己的讲稿进行修改，使它变得更趋于完美。因此，这个默讲的过程实质上就是对选材、组材和提纲编列是否恰当的一次实践性检验，也是认识进一步深化、思想进一步明朗化、条理化的过程。通过撰写讲稿，

可以进一步修改、完善、充实演讲内容，保证演讲的质量，保证内容的完美，使观点和材料得到高度的统一。

5.限定时速，避免时间松紧失当

讲话通常是限制时间的，必须在一定的时间范围内完成。如果没有准备好讲稿，时间往往难以掌握得当。这样就会发生各种各样的状况：或者是前松后紧，开头大肆发挥，扩展内容，到后来就大删大减，给听众留下虎头蛇尾的印象；或者是前紧后松，开头讲得太简略，到后来拖拖拉拉，画蛇添足，令听众生厌。而如果你有了讲稿，就可以按字数的多少来计算讲话的时间，讲话者在自己的思维中加进文字之外的语言成分，便可以计算讲话的速度，有计划、从容不迫地在限定的时间里完成讲话。

拟定演讲结构图

围绕主题设计讲话提纲是撰写讲稿的重要方略，而不是马上就钻到具体材料的遣词造句的技术工作中去。撰写讲稿，首先是从宏观上考虑，就如同盖房子先要有设计、有骨架一样，如果设计结构不行，只是在粉刷装修上下功夫，房子质量就没有根本上的保证，甚至会坍塌。讲话提纲就如同讲稿的骨架，必须要言之有序，才能保证讲稿的充实可靠。

由于讲话的类型不同，提纲的具体结构形式也有区别，但也有共同的结构要求：拟定题目；确定总的论点和主题；列出分论点或几个部分；在分论点或部分中，再列出几个从属论点或几个层次；在每一个从属论点或层次中，列出具体材料的要点。

拟定讲话提纲的基本原则是四个字：不板不乱。也就是不死板、不杂乱。具体要求有四点：一是纲目清楚，思路贯通；二是层次清晰，段落完整；三是衔接紧密，符合逻辑；四是开头明快，结尾有力。在拟定讲话提纲的时候，还应该注意，必须全面考虑阐述问题、分析问题、解决问题；层次段落也需要围绕主旨，按照表现事物本质和特征的需要来安排；条理清楚，方便表达，符合听众的认识规律，便于听众领会和接受；各部分、各层次之间有正确、严密的逻辑和照应关系，通篇浑然一体。

讲稿结构的最大特色是简洁明晰，它不同于一般供阅读的文章。讲稿是口耳相传的，而口述的信息稍纵即逝，容易与听众的听觉、思维之间出现游离脱节现象。如果结构复杂，头绪纷繁，甚至思路紊乱，听众就难以理解演讲内容。为了使讲话收到最佳效果，应尽可能简化结构，尤其是长篇讲话稿，更应该使结构简明化。

🎤 TED演讲箴言

具体来说，拟写提纲需要从下面五个方面来考虑：

1.对讲话要有一个正确的认识

在错综复杂的事物中，要善于发现问题、提出问题、分析问题、解决问题，需要有综合的素质。一个好的讲话，是讲话者比较好的思想水平、理论素养、文字功夫、工作经验和调研能力有机结合的产物。

2.掌握总体把握的艺术

把握角度。不同的讲话者、不同的场合，对讲话角度的要求是不一样的。要把握好角度，需要进行缜密的思考和精确的定位。

把握分寸。演讲，是阐释上面的政策、传达思想，还是提倡什么、反对什么，都要有鲜明的导向，要把握好思想和语言的分寸。思想认识要有深度、高度、力度、新意。克服两种错误：一种是机械照抄上面的精神、演讲者的讲话和文件；另一种是一味求新而脱离上级的基本精神。要既源于上头的精神，又符合下头的实际；既要对上级领导讲话精神有中肯的评价和深刻的理解，又要变虚为实、变大为小、变抽象为形象、变原则为具体。还需要坚持三个原则：一是全面性的原则；二是整体性的原则；三是准确性的原则。

3.增强讲话的思想性

演讲是体现演讲者综合素质的一个载体，所以必须蕴含一定的思想性。首先，要尽可能站在思想理论的制高点上。其次，还需要借助唯物辩证法这样的"望远镜"，演讲要抓得准问题，分析得透，必须要有唯物辩证的思想分析方法，带有根本性和长远性，并通过努力学习来提高思想水平。再次，要有宏观意识，必须从全局来看问题，很好地统筹全局，才能令细节更加完善。最后，要善于找"文眼"，运用广博的知识来增加思想的高度，多用一些名人典故，同时也能增强说服性。另外，还需要开动自己的大脑，提炼出自己的观点群，彰显自己的思想。

4.合适的结构

常见的讲话结构样式总的来说有两种：一种是横向展开，另一种是纵向掘进。你可以依据演讲主旨选择最佳的讲话结构，力求最大限度表现出演讲的水平。在行文的结构上，还有两种常见的方法：一种是在一个题目和段落里将要表述的意思平行地、分条列段地写下来；另一种是需要表达什么思想就集中地用一段和几段文字把它写完，这种写法叫"板块式"。具体用什么写法，一是要看演讲者的表述习惯；二是要看内容和场合。如果是在气氛隆重热烈的场合，那么就适合用"板块式"；如果是拟发言提纲，则不妨分条列段地写。

5.准确生动的语言

毛泽东的生动、博学和妙语连珠，邓小平的简练、深刻和善于触及本质，陈毅的坦诚、豪放和特有的感染力，鲁迅的冷峻、诙谐和入木三分，都值得我们学习。当演讲者是领导时，由于其身份特殊，所以在语言方面需要既准确又生动，这就需要语言在庄重、准确的基础上再增添上领导的个性色彩。

这就需要注意以下三个方面：一是要借助于其他语体和手法，丰富讲话语言的表现力。"言而无闻，行之不远。"这就要求领导占有丰富的储备知识，能够对一些史料和先贤的名言信手拈来，要有生动的语言首先要有渊博的学识。二是要用寻常的语言说，把深刻埋在浅显中。三是要掌握一些巧妙的语言技巧。

讲话稿材料的收集与整理

俗话说："巧妇难为无米之炊。"材料是讲稿写作的基础，就如同修建房子的时候必须有水泥、钢筋等建筑材料一样。撰写讲稿绝不可凭主观想象，而应建立在材料充分的基础上，实际上这也是对所用材料的归纳、消化、加工和升华的过程。组织材料主要是来自两方面，一是要有众多的文本材料，二是平时多注意思考，进而形成独特见解的观点群。最后，还需要精心地选择最合适的材料。

收集材料，就是占有素材，包括综合的情况、一些重要的数据、生动的事例以及重要的思想观点。一定要确保所占有的材料充分，如果你觉得收集材料并不重要，不把它当回事，而在写作运用时却有了新的认识，感

到材料的可用性，后悔没有积累，这时你再想去找，已经来不及了，甚至无法找到。平时积累的一些材料可能暂时用不上，但是只要在关键时刻能用上一个观点、一个事例、一句话，那么这些材料就没有白白积累。

而收集材料的途径主要有三个：

1.经过调查研究，取得第一手现实材料

对于写演讲稿来说，特别需要来自生活的第一手材料。通过调查取得的第一手材料往往更具体生动、真实可靠，给你的印象更深、感受更深。俗话说："涉浅水者得鱼虾，入深水者得蛟龙。"调查研究必须深入实际、深入现实，必须沉下去，摸清实情。要坚持实事求是的思想，不唯上、不唯下，坚持真理，不见风使舵，更不能随意歪曲事实。需要客观地倾听，平等地讨论，适当地提问，注意实际情况的结合，对调查的材料要作必要的核实。

2.广开材源

收集一些与所写演讲稿有关事物的变革情况，以便分析其发展变化，作出正确的分析判断，提出比较有见解的观点。报纸、文件、会议材料、信息、简报等与自己工作有关的材料，都可以及时记下来，然后再分门别类，积累起来，使用的时候非常方便。

3.储备基础材料

积累一些与演讲稿写作有关的公文，包括法规、政策、文件、讲话、纪要等，甚至收集一些古今中外的精辟论断作为形成演讲稿观点和进行综合分析的依据，或者直接引证所用。

但是你在调查、收集、积累材料的时候，要注意有三忌。一忌凭主观兴趣出发，而是需要从演讲稿主旨出发，如果只凭兴趣出发，就有可能片面、狭隘，甚至有意无意地歪曲了材料；二忌听风就是雨，只凭道听途说、一知半解；三忌实用主义地调查收集材料。

总之，调查积累材料，需要平时勤看、勤问、勤想，还需要广、实。自己要养成勤奋读书、阅报、看文件、记笔记和思考的好习惯，经常读读词语、成语，对一些重要的文件、讲话的关键段落要能够背诵。这样才使你的材料库和思想库里应有尽有，样样俱全，有备无患，你在使用的时候才能信手拈来。

好的讲稿要有真知灼见，那是要在思想认识达到一定程度、形成自己的观点群并有较强的逻辑线索的基础上才能形成的。历史上的那些不朽名作，都是在相当的思想积累、生活积累、感性积累、观念积累之上，经过提炼加工而成的。要想拥有自己的观点，就需要对客观事物的分析认识得出结论，需要在认识客观事物运动规律的前提下结合实际去有针对性地认识问题、揭示问题、解决问题。

组织材料要得当才能避免"空"和"长"的问题。储备观点时要注意积累一些有战略性的思想，有备无患，需要时则用之。如果现学现卖、现想现卖，就无法写好一篇精彩的演讲稿；而当你有了完备的观点之后，就可以在分析、选择、提炼材料的基础上以逻辑思维为经，以事实叙述、必要的形象描述为纬，织出美丽的绫罗绸缎。

讲话材料选择的大致范围确定以后，还要注意选择精练的讲话材料。除了选材要真实、准确，一般来讲，选择精练材料还要遵循一定的标准：选材要紧紧围绕主题，选择新颖的、典型的材料，所选材料最好还要有针对性。

撰写讲稿不能就事论事，而是需要把理性与现实结合起来。有了材料也不能直接堆砌，而是需要虚实结合，把理论与实际联系起来。如果没有客观现实作支撑，就会显得空洞无据，不能服人，更不能具体生动地感染他

人；如果就事论事，就会显得没有深度，不能发人深思、启迪人的智慧。

🎙 TED演讲箴言

1. 选材要紧紧围绕主题

主题是选材的依据，选择材料必须紧紧围绕主题，选择材料时必须考虑它能否有力地支持主题或为主题服务，否则，再生动的材料也不能用。即坚持这样一条原则：凡是能突出、烘托主题的材料就选用，否则就舍弃。能够有力支持主题的材料一般包括：感动讲话者自己的材料、讲话者亲身实践证明了的材料、听众感兴趣的材料等。

公元前44年，古罗马的布鲁图斯等人说恺撒大帝是暴君、有野心。恺撒的重臣安东尼为了驳斥他们的诡辩，在恺撒的葬礼上为恺撒作了辩护，在辩护词中，他选择了这样三个材料。

"他从前曾获胜边疆，所得的财帛都归入国库……"（这不是私心，而是公心。）

"他听到穷人的呼唤，也曾经流下泪来。"（这不是暴君，而是富有同情心的好君主。）

"那天过节时，你们眼睁睁地看着，我三次以皇冠劝他登基，他三次拒绝。"（这不是野心，而是虚心。）

这些材料都紧扣主题，直接支持和证明了自己的观点，从而产生了无可辩驳的说服力。

2.选择典型的材料

典型材料是指那些最鲜明、最有代表性、最能反映事物本质、体现演讲主题的材料。只有这样的材料才能以一当十、以小见大。

3.选择有针对性的材料

讲话者在服从主题的前提下，选材还要有针对性。讲话者要从听众需要出发，有针对性地选择材料，在组织和选取材料时，"因地制宜，因人施讲"，这样才能达到晓之以理、动之以情的效果，才能唤起听众的热情和兴趣。这种针对性包括：

要针对不同场合、不同听众的具体特点、兴趣和爱好选择使用不同的材料；要针对听众的文化程度，把材料具体化、形象化，多选择听众能看到、听到、感觉到的材料；要选择符合听众心理和要求的材料，尽量使这些材料和听众的切身利益结合起来；要选择那些能给听众指明方向、能够教给听众行动的手段和方法的材料；要选择那些正确、准确、科学性强的材料，使听众相信和服从；要根据自身的特点，选取那些自己熟悉的、适合自己身份的材料，这样才能将主题表达得充分而深刻，具有说服力，在演讲时才能胸有成竹。

讲话稿材料的收集和选择是一个问题的两个方面，二者相辅相成，缺一不可。

修改讲稿，力求精益求精

好的讲稿是改出来的，而讲稿的修改要以讲话的目的和宗旨为标准。讲稿的修改主要从材料入手，须注意观点的正确性。讲稿的修改需要精益求精，切不可马虎大意。在揣摩腹稿和拟写提纲时，因为已经酝酿得比较成熟，所以可以依照提纲，顺着思路不停地写下去。但是具体到如何遣词造句，如何运用语言表达技巧等，则不能不费点心思。否则就会言不达意、言不尽意。

起草初稿，即按照拟好的提纲，把所要表达的内容整理成完整有序的文章。提纲只是将腹稿的大致轮廓描绘下来，起草成文才得以将以前的全部思维视觉化，使之成为有形可视的蓝本。"玉不琢，不成器""文章不厌百回改"。初稿写成之后，必须反复修改。好文章都是改出来的，谁也不可能下笔即达胜境。只有经过反复推敲、反复修改，才能使初稿渐趋成熟和完善。

认真修改是讲稿趋于完善精美的必要条件，修改讲稿的方式和修改文章一样，要考虑主题、材料、结构、语言等各方面的因素，需在深化主题、订正观点、增删材料、调整结构、推敲语言等诸方面多下功夫。既要有对总体内容构成方面的考查，也要有对遣词造句等细微之处的推敲。总之，要做到精益求精。

修改是写讲稿的最后环节，也是提高讲话质量的重要途径。讲稿的修改过程，一方面是进一步加深认识自己所讲的内容，另一方面也是进一步选择并确认讲稿的表现形式。人们认识事物时，总是在不断深化不断反复的过程中逐步达到主观认识与客观实际的统一。许多著名演讲家，都十分重视讲稿的修改。例如，美国前总统罗斯福，每篇演讲草稿写出后，往往要修改十几次，到最后完稿时，有时第一稿中的话甚至全改光了。他如此谨慎认真的起草和修改，在演讲史上已传为佳话。

🎤 TED演讲箴言

修改时应着重注意以下几个方面：

1.观点是否正确

首先，看全篇的观点是否正确，是否成熟，是否容易被听众所理解、接受。如果有问题，或者欠成熟，必须作进一步的思考，绝不能随便拿去糊弄听众；其次，要看看中心议题是否确立，是否得以鲜明突出地表现，如果中心不突出，讲话目的就得不到明确的体现。

2.注意材料的修改

看看材料是否真实、具体、全面、充分，是否用得恰当，说明问题和表达观点是否准确、有力。少则增，多则删，不当则换，要毫不犹豫地剔除那些虚假的材料。

3.注意结构的修改

看结构是否完整、紧凑且富有变化；开场白是否够味，有吸引力；是否有令人振奋的高潮，并且所在的位置是否恰当；结尾是否有魅力；层次、段落的划分和安排是否妥当、清楚；上下文之间的衔接、过渡是否自然；前后照应得好不好；全文脉络是否贯通。如果某方面安排不合理，如层次、段落的划分和安排还不够清楚，就应立即对其进行妥当的调整和修改。

4.注意语言的修改

口才是一种语言艺术，锤炼语言是讲话者的基本功。初稿写成后，还要注意进行语言的修改。

（1）鲁迅说："写完后至少看两遍，竭力将可有可无的字、句、段删去，毫不可惜。"句子通顺，文字简练，这是最基本的要求。写得不通就读不通、讲不通；文字不简练，讲起来就啰里啰唆。

（2）要口语化、大众化。撰写讲稿虽然是笔头的功夫，但写出来的东西是用来讲的，不是用来看的，因此必须适合有声语言的特点。

（3）弹琴看听众，说话看对象。如果是面向普通的工人、农民、市民，就必须使用浅显、平易、朴实的文字，尽量少用专业术语，更不可咬文嚼字，故作高深，否则很难被他们接受；如果是对具有较高文化素养的

人讲话，语言就可适当文雅些，让自己的谈吐适应他们的水平。当然，最好是能够做到雅俗共赏，那样会为你增添不少听众。

（4）用词准确生动，富有表现力。语言须生动形象，有感情、有色彩，修辞要贴切、恰到好处。

（5）语言朗朗上口，节奏铿锵有力。最后，要试着朗读几遍，看看效果如何。比如，念起来是否上口，语气是否适宜，感情是否饱满，音韵是否和谐，节奏是否铿锵有力。

5.注意篇幅的修改

演讲往往有一定的时间限制，修改时还须考虑篇幅的长短是否符合规定的时限。如果超过规定时限，应当压缩文字，删减篇幅；倘若不到规定的时限，如有必要，可以再适当增加些材料、扩充内容。最好是在保持内容完整的前提下，使内容具有一定的伸缩性。这样，临场时，便可以根据听众的反应和时间的要求，随时作出灵活机动的调整。

预讲练习，使演讲熟能生巧

如果只是照念讲稿，当然不用动脑，不必费多大力气，而且表述会比较准确，但是这样难以做到生动、活泼，也表现不出演讲者讲话的风采，更不能根据听众的反应和情绪变化作出灵活积极的调整。

如果讲话只是像背书一样一字不差地背出来，那么听起来会很不自然，还会有忘了词、乱了套的危险。如果能够做到既不需要背诵也不需要讲稿，而且能够条理清晰、流畅地作演讲，肯定会取得很好的效果。

那么，如何能够做到弃置讲稿，又不显得硬背讲稿？你需要掌握以下三个方面：

（1）把讲稿变成自己的语言。一般来说，讲稿大多是比较规范、严谨的书面语言。书面语言写得再精彩，它也有别于口头语言，不能生搬硬套地使用那些生涩的书面语言，而要巧妙地把书面语言转化为自己的语言。书面语言太过于干巴，缺少讲话时所需要的节奏和活力，这样的语言讲出来，讲话者自己也会不自然，而且不利于记忆，就更别说背诵了。如果希望讲话的时候不使用讲稿而又不造成难堪的局面，那么就需要你花点时间把讲稿变成自己的语言，并加以理解和消化记忆。但是，在将其变成自己的语言的时候，切忌太过口水话，应在遵循讲稿内容的基础上稍作修改。

（2）熟记提纲。提纲是整个讲话的总体思路和框架，只有按照这个提纲，围绕讲话的内容充分发挥，讲话思路才不会被打断和阻隔。你在写讲稿的时候，已经根据所讲内容及主旨列出了一个较为详细的提纲，所以这时候你只需要熟记提纲，然后在每个提纲下再记住一些关键词、关键句子以及重要的事例即可。千万要记住你所要表达的意思，只要你把要讲的全部都装进脑子里，并能用自己的话按照一定的顺序把所要讲的内容连接起来，就有助于你记住整篇演讲稿，到时候再临场发挥，就不会遭遇语塞、忘词的困境。

（3）反复预讲。依据事先拟定好的提纲或讲稿，反复进行口头表达练习。你可以在练习的每一次都变换措辞，这样就可以更加牢固地记住演讲稿中的一系列观点。当你经过多次练习并对自己的练习感到满意时，你就可以胸有成竹地走上讲台了。这时候，讲稿的内容就会有条不紊地浮现在你的脑海中，你便可以用自己的语言流畅地表达出来。你在进行反复预讲的时候，还需要注意一些细节问题。

讲话从要讲稿到要提纲，再到不用讲稿和提纲，这是个循序渐进、熟

能生巧的过程。这和做任何事情都是一样的，需要反复实践。当你经过反复练习有了演讲的经验，并且能够确信自己站起来演讲不会忘记需要讲的内容时，你就掌握了不用讲稿演讲的技巧。

🎙 TED演讲箴言

1.如何让预讲接近正式讲话

预讲越接近正式讲话的内容，排练的效果就越好。让预讲接近正式讲话的方法有下面几种：

（1）预讲时要站着，大声讲。

坐在写字台前反反复复地朗读记录的卡片，是与预讲相差十万八千里的。因为这种做法只能算是在进行"某种准备"，而不是在进行熟悉真实过程的预讲。预讲时需要站着，大声讲，这样可以增添现场感，使你的预讲有种正式感、庄重感。

（2）在一个与正式讲话的房屋大致类型相同的房屋或大厅里进行预讲。

如果你能进入正式讲话时所用的房屋，那么你可以在那里至少演习一两次。如果能够做到这一点，那么，在进行正式讲话时，你就很容易因某种熟悉感和亲近感而较快地找到感觉、进入状态，这样你的讲话就已经有了一半成功的把握。

（3）尽可能地在听众面前预讲。

可以让你的亲人、朋友、秘书、同僚听你的预讲，听听他们的批评和反应。他们是否听明白了你的讲话呢？你把他们说服了吗？他们认为你的表情和声音是否适当？你有没有什么习惯性的特殊偏好使他们感到厌烦？你的服饰看上去能给观众以某种美感吗？

2.何时进行最后一次演练

最后一次演练越晚越好，如果你九点钟发表讲话，那么就在早上六点钟起来演练，这样，在讲台上你对稿子就会像对一位密友一样熟悉。在讲台上，头一天没有演练过的讲稿会变得十分陌生，而在发言前刚准备过的稿子会使你的思路更加顺畅。

3.怎样保持目光前视

如果你已经练习了四遍，对稿子的内容应该很熟悉，因此你可以做到百分之九十的时间目视前方。在开头、结尾、提问、警告、激动的时候，眼睛都要抬起来，要对听众的关注作出反应。

第03章　先声夺人，一开场就吸引人

　　TED演讲只有短短的18分钟，因此开场白十分重要，力求一张口就能吸引人。精彩的开场白可以起到创造良好气氛、激发听众兴趣、说明演讲主题的作用。演讲者应根据不同场合、不同话题和不同对象，选择适合自己的开场白。

开口定基调，炒热氛围

　　精彩的开场白可以起到创造良好气氛、激发听众兴趣、说明演讲主题的作用。演讲学界曾有人指出：如果没有一个好的开头，想在整个演说过程中始终做到轻松、巧妙地与听众交流思想是颇为困难的。

　　俗语说：良好的开端是成功的一半。这句话用来说明优秀演讲开头的功用颇为适宜。因此，免不了要进行演说的演讲者，不仅要对演说开场引起重视，更要懂得如何开场才能调动听者的兴致，从而使得自己的演说在"掌声"中进行。

　　可能很多演讲者都明白，文章开头最难写。同样的道理，演讲的开场白也最不易把握。其原因有二：其一，站在众多人的面前，即使准备充分，也会紧张、怯场，事先虽然准备充分，但一时不知从何说起，这样难免导致整场演讲的失败，其二，虽然演讲者没有怯场，但如果表现平平，没有在一两分钟内"震住"听众，这样的演讲也很难有十分理想的效果。

　　因此，开场白只有做到匠心独运、新颖、奇趣、敏慧，才能给听众留下深刻印象，才能立即控制场上气氛，在瞬间集中听众注意力，从而为接下来的演讲内容顺利地搭梯架桥。

演讲开头成败的关键在于能否吸引并集中听众的注意力。演讲时获取听众注意力的方式随题材、听众和场景的不同而改变，一般可以运用事例、轶闻、经历、反诘、引言、幽默等手段达此目的。

那些有演讲经验和演讲学识的演讲家，通常都非常重视演讲开头的设计。理由很简单：演讲开头是演讲者向听众出示的第一个同时也是最重要的信号，能否抓住听众的注意力、引发他们听的兴趣和积极性，就取决于这最初发出的信息。

TED演讲箴言

那么，具体来说，怎样使演讲的开场白"精彩"起来呢？

1.放下架子，自我解嘲

自嘲就是"开自己的玩笑"。对此，需要演讲者在演说过程中放下架子，运用诙谐的语言巧妙地自我介绍，这样会使听众倍感亲切，在无形中缩短与听众间的距离。

营销讲师金克言先生在一次有近千名观众参加的演讲会上准备演讲，可台下只响起了稀稀拉拉的掌声。于是他说："从大家的掌声中可以发现两个问题：第一，大家不认识我；第二，大家对我的长相可能不太满意。"几句话缩短了与听众的距离。台下大笑，掌声一片，反应强烈多了。他接着说："大家的掌声再次证明了我的观点！"话音刚落，台下笑得更厉害了，又是一阵热烈的掌声。这个开场白既活跃了场上气氛，又沟通了演讲者与听众的心灵，一箭双雕，堪称一绝。

2.奇谈怪论，吸引眼球

演讲与一般的交流沟通不同，那些平庸、普通的语言与观点可能都

不能引起听者的兴趣。对此，演讲者在演说前，如能做一番准备工作，找出与众不同的论调，那么，必能出奇制胜，造成"此言一出，举座皆惊"的艺术效果，立即震撼听众，使他们蓦然凝神侧耳细听，寻求你的讲话内容，探询你演讲的原因。

钱钟书先生的小说《围城》中有一段故事，写方鸿渐到本县省立中学发表演讲，事先精心准备了讲稿，到场后却发现稿子不在手边，急也没用呀，听众已经在热烈鼓掌，方鸿渐只好上场了，但这开场白来得很精彩——吕校长，诸位先生，诸位同学：诸位的鼓掌虽然出于好意，其实是最不合理的。因为鼓掌表示演讲听得满意，现在鄙人还没开口，诸位已经满意得鼓掌，鄙人何必再讲什么呢？诸位应该先听演讲，然后随意鼓几下掌，让鄙人有面子下台。现在鼓掌在先，鄙人的演讲当不起那样热烈的掌声，反觉到一种收了款子交不出货色的惶恐。

听了方鸿渐的演讲，听众大笑，记录的女孩也含着笑，走笔如飞。

应该说，方的开场白获得了极大的成功。为什么？当听众鼓掌后，他却一反众人常有之态，先假意否定听众鼓掌，引起观众兴致。听众想弄清"为什么我们的鼓掌其实是最不合理"，方鸿渐的解释既出人意料，又新颖别致，自然会深受观众喜爱。这段开场白，机智绝妙！

需要注意的是，运用这种方式应掌握分寸，弄不好会变为哗众取宠，故作耸人之语。应结合听众心理、理解层次出奇制胜。再有，不能为了追求怪异而大发谬论、怪论，也不能生硬牵扯，胡乱升华。否则，极易引起听众的反感和厌倦。须知，无论多么新鲜的认识，始终要建立在正确的主旨之上。

3.贴切引用

如果能在演讲的开头恰到好处地引用大家不太熟悉的格言警句或诗词佳句，再加以解释，从而顺利入题，演讲就会有声势有威力，就能迅速抓住听众。

一次，演说家李燕杰去首都一家大医院演讲，开端就朗诵了他创作的一首诗：

每当我忆起那病中的时光，

白衣战士就引起我深情的遐想。

他们那人格的诗，

心灵的美，

还有那圣洁的光，

给了我顽强生活的信心，

增添了我前进的力量！

随着朗诵的进行，看书的人逐渐抬起了头，说话、走动的人也停了下来。当李燕杰朗诵完最后一个字时，全场掌声大作。

李燕杰这恰到好处的引用，不仅新颖，而且拨动了听众的心弦，说出了他们的心声，所以引起了共鸣。

当然，吸引听众的方式有多种，有的是在开头采用幽默语、形象语、发问语、警句、格言、典故、谚语等以引起听众的兴趣；有的语言朴实无华，但提出的是党和国家的重大问题；有的则充满激情，具有振奋人心的作用。演讲者可根据具体的演说主题，设计好一个新颖别致的开场，一开口就抓住听者的"神经"，从而赢得一片掌声！

开门见山，直击听众心理

演讲者的演说，为的就是起到启迪人心的作用，能否在开场就抓住听

者的兴致，对于对方能否接受自己的观点至关重要。因此，演讲者在确定了演说的主题之后，首先应当考虑的，便是这个主题如何进行构造，如何尽快以自己对主题的兴趣引发出听众同样的兴趣，如何以自己对题目的感觉和热情去点燃听众内心的感觉与热情之火，如何以自己对主题的精深理解去启迪听众随着这思路一道共鸣和思索。这些，都关乎演讲的成败。

在众多的开场设计中，有一种直击要害的方式，那就是开门见山式。毛主席在《改造我们的学习》的演讲中，开头就说："我主张将我们全党的学习方法和学习制度改造一下。"这个开场白，开宗明义，揭示演讲的基本内容和主旨，紧接着揭示下文将要说明改造学习方法和学习制度的理由，以引起听众的注意。

在美国会计协会罗切斯特分会的一次演讲中，演说者唐纳德·罗杰斯通过表达他对听众需要的关心而激发起了他们的兴趣：

我今晚要演说的题目是《信息的透露》。确定这个题目之前，我先是查阅了本地的会计年鉴分册和全国会计协会的学术专刊，然后又询问了我的同事亚历克斯·莱文斯顿和戴夫·汉森："今晚来听演说的人都有哪些？他们希望我讲什么？"他们告诉我在座的各位都是些很热心的人，希望我的演说有趣而富有启发性。因此，我将告诉大家一些有用的知识，同时我也希望我的演说简明扼要，并留给大家一定的提问时间。

有时候，听众是很"自私"的，他们只有在感到能从演说中有所收获时才会专心去听演说。演说的开头应正面回答听众心中的"我为什么要听"这一问题。唐纳德·罗杰斯在开场中向听众展示了这一点，因此，他找到了与听众继续沟通的门道。

开宗明义、开门见山，是中国传统的作文法，也符合听众一般的心理要求。有的演讲开头注意使听众具有一定的心理准备，从而与演讲者建立协调和谐的联系。

TED演讲箴言

那么，演讲者该如何灵活运用开门见山式的开场方式呢?

1.入题要快

演讲者欲使听众尽早进入状态，接受自己的言论，就必须重视入题的速度和方式两方面的安排。既要"开门见山，一针见血"，这就是"快"；又要有逻辑上的悬念、起伏和跌宕。

这里，强调入题要快，并不是说所有入题都以"开门见山"这样"直"的方式为佳。其实，有时候入题更需要讲求一定的曲折和委婉，尤其要讲求一点逻辑悬念，如此方才有利于入题的引人入胜。因此，有时候，演讲者不妨在言辞上多下点功夫，以悬念抓住听众心理，引起他们的注意和重视。

有一篇叫作《人呵，认识你自己》的演讲，其主题是"人与社会和自身的关系"。可是一开始，演讲者并不直接挑明这个题目，而是先援引恩格斯的话，讲了个"司芬克斯之谜"的引子："大自然——司芬克斯向每个人和每个时代提出了问题……"继而话锋一转，问道："那么人类呢? 人和人类社会有什么难题呢? "最后他自己答道："人类面对着的有三大难题：人生、社会和人自身。"这就是"转折式入题"了，它使入题显得有些跌宕，有些波澜甚至悬念，而非平铺直叙，自然能引起听众的关注与兴致。

2.观点鲜明

演讲者在选用开门见山这一开场方式时，要做到观点鲜明。演讲观点鲜明，显示着演讲者对一种理性认识的肯定，显示着演讲者对客观事物见解的透辟程度，能给人以可信性和可靠感。演讲稿观点不鲜明，就缺乏说

服力，就失去了演讲的作用。

3.感情真挚

演讲者在开场的时候，演讲言辞要具有真挚的感情，这样才能打动人、感染人，有鼓动性。这就要求演讲者在表达上注意感情色彩，把说理和抒情结合起来。既有冷静的分析，又有热情的鼓动；既有所怒，又有所喜；既有所憎，又有所爱。当然，这种深厚动人的感情不应是"挤"出来的，而要发自肺腑，就像泉水喷涌而出。

马丁·路德·金的《我有一个梦》的演说，为了点明题旨以增强感染力，反复"描述"了"我梦想有一天"的情景，每一个情景就是一个镜头，连续组成主观与客观相融为一体的连续不断的"画面群"，既强烈地渲染了主题，也是一种颇为艺术的点题方法。

4.语言流畅，深刻风趣

演讲者若想把在头脑里构思的一切都写出来或说出来，让人们看得见、听得到，就必须借助语言这个交流思想的工具。因此，语言运用得好还是差，对演讲影响极大。要提高演讲稿的质量，不能不在语言的运用上下一番功夫。

对此，我们不妨运用：

一是使用点出主旨的警句，以起到"余音绕梁"的效果。在演说开头使用警句，不仅新意盎然，而且颇有深刻寓意，仿佛黄钟轰鸣，余音不绝于耳。这里，警句得来并不容易，但是，如果演讲者能做到将情感倾注到演讲中，并注意语言艺术的运用，那么，他的演讲语言一定具有力度和感染力。

二是艺术地运用熟语，以使听众受到感染并乐于接受演讲者的观点。

熟语，包括成语、民谣之类，通俗易懂，人们耳熟能详。对此，切不可视之为下里巴人而妄加轻视与贬低；相反，熟语很多时候在演讲中也能起到"阳春白雪"的作用。如果演说时演讲者能对此艺术地加以改造和利用并糅进其他修辞手段加以强化，也有可能赋以新意并铸成警句，从而给人以艺术享受与心灵震动。

总之，演讲者在演说过程中，使用经典的开门见山式的开场方式，能迅速将听众带入规定的情境和思路中去。

列举事实，引入正题

任何一个演讲者都知道开场白在演说中的重要作用。任何形式的演讲，开头总是关键。在演讲开始后的几分钟或者几秒钟内，听众通常会决定是否接受演讲，是否听下去。瑞士作家温克勒说："开场白有两项任务：一是建立说者与听者的同感；二是如字义所释，打开场面，引入正题。"演讲者进行演讲，其目的本身就是使所陈述的观点深入人心，引发共鸣，以达到震慑人心的作用。开场白中任何技巧的运用，都不如以事实开头更能获得听者的信任与认同。

1984年5月5日，巴金先生参加了在东京召开的第47届国际笔会，大会总议题是"核时代的文学和作家的关系"。在前面几位著名的作家发言以后，巴老作了精彩的发言。开头是这样的：

在广岛原子弹爆炸十年后，一个12岁的小姑娘发了病。她相信传说，以为自己折好一千只纸鹤就能恢复健康。她躺在病床上一天天折下去，她不仅折了一千只，还多折了三百多只，但是她死了。人们为她在和平公园里建立了"千羽鹤纪念碑"，碑下挂着全国儿童送来的无数只纸鹤。我曾经取了一只用蓝色硬纸折成的鹤带回上海。我没有见过她，可是这个想活

下去的小姑娘的形象，经常在我眼前出现。好像她在要求我保护她，不让死亡把她带走。倘使可能，我真愿意用我的生命换回她的幸福！

这个令人伤感的故事表达了巴金对和平的祈求，一下子就深深地打动了全场听众。接着，巴金过渡到"核时代的文学和作家的关系"这个主题上来，水到渠成，自然妥帖。

演讲者应当从这个演讲故事中吸取经验——向听者讲述一些事实，会让听者在一开始就对你产生信任。当然，选择事实要遵循这样几个原则：要短小，不然就成了故事会；要有意味，促人深思；要与演讲内容有关。

好的演讲，应该一开头就用最简洁的语言、最经济的时间把听众的注意力和兴奋点吸引过来，这样，才能达到出奇制胜的效果。想要达到这一效果，方式当然多种多样，但更能引起共鸣的还是无懈可击的事实。

🎙 TED演讲箴言

那么，具体来说，演讲者该如何以事实为开场进行演讲呢？

1.用令人震惊的事实开头

它可以使听者从一系列触目惊心的事实中醒悟过来，造成一种"悬念"，使听者急于了解更多的情况。

周光宁在《救救孩子》的演讲开场时说：去年5月24日的《新民晚报》披露了这样一个事实：一个四年级的小学生，每天要带父母亲手剥光了蛋壳的鸡蛋到学校吃。有一次，父母忘了给鸡蛋剥壳，差点憋坏了孩子。他对着鸡蛋左瞅右看，不知如何下口，结果只好原蛋带回。母亲问他怎么不吃蛋，回答很简单："没有缝，我怎么吃！"

这里，周光宁通过小学生不会剥鸡蛋这样一则新闻报道开头，把听众引入他的演讲主题：全社会都要重视培养孩子独立生活的能力和战胜困难的勇气。

著名演讲教育家李燕杰在《爱情与美》的演讲中这样开场："我不是研究爱情的，为什么会想到要讲这么一个题目呢？"然后，他讲了一个故事：北京一家公司的团委书记再三邀请李老师去演讲，并掏出几张纸，上面列着公司所属工厂一批自杀者的名单，其中大多数是因恋爱问题处理不好而走上绝路的。"所以，我觉得很有必要与大家谈谈这方面的问题。"

这个故事一下子把听众的注意力集中起来，使他们感到问题的严重性和紧迫性。

同样，演讲者在发表讲话时，也可以选用这些令人震惊的事实，意在引起听者的注意、赢得他们的认同。

2.讲述与演讲主题相关的背景知识

相对来说，演讲者发表演说，比一般的谈话更有权威。如果演讲者能在演说开始时为听众讲述与主题有关的背景知识，那么，不仅能体现出主题的重要性，更能用事实说服听者。

美国空军少将鲁弗斯·L.比拉普斯在夏努特空军基地的一次宴会上作演讲时，在开场白中对"黑人遗产周"的有关背景知识及其对美国空军的重要性作了介绍：

我很高兴来到此地，同时我也很感谢应邀和在座各位讨论有关美国黑人问题。为保持和增进民族间的理解，美国各大州又开始纪念"黑人遗产周"。在这夏努特空军基地，我们庆祝它则可以对美国空军进行完整无缺的教育。我们民族的主旋律是："黑人历史，未来的火炬。"

这个已成为美国人民生活一部分的纪念活动，是弗吉尼亚州纽坎顿市卡特·G.伍德森最先提出并计划的，他现在被誉为美国"黑人历史之父"。伍德森先生于1915年成立了"美国黑人生活和历史协会"。后来，他又于

1926年发起了"黑人遗产周"纪念活动……

当然，演讲者在演讲开场白中陈述事实，还有很多途径，这需要演讲者根据具体的演说场景和主题进行论述，但无论任何陈述，都必须建立在真实可信的基础上，一切有失真实的言辞都有可能被听者识破，乃至使得整个演说黯然失色。

开场卖关子，引起听众兴趣

可能很多领导干部在演说过程中都有这样的感触：一上台就开始正正经经地演讲，会给人生硬突兀的感觉，让听众难以接受。而如果能在开场时卖卖关子，则能迅速吸引听者的注意力。这就是演讲过程中的悬念。演讲中的悬念是指听众的一种心理活动，这种心理的产生基础是听众原本对某种事物的认识有个大略的了解，但现在向他们传达的则是已经变化了的事物，他们对此产生了关心的情绪，甚而把想探个究竟的想法急切地表达出来。

人们都有好奇的天性，一旦有了疑虑，就非得探明究竟不可。在开场白中制造悬念，能激发听众的强烈兴趣和好奇心；在适当的时候解开悬念，使听众的好奇心得到满足，将使演讲前后照应，浑然一体。

可以说，悬念是打开演讲者成功演讲之门的金钥匙，这种心理活动的过程，如果能被演讲者在演讲时恰当利用，就会使听众听完后产生一种愉悦感，并真切理解演讲者的意图。

有一次，陶行知先生在武汉大学演讲。他走上讲台，不慌不忙地从箱子里拿出一只大公鸡。台下的听众全愣住了。陶先生又从容不迫地掏出一把米放在桌上，然后按住公鸡的头，强迫它吃米，可是大公鸡只叫不吃。他又掰开鸡的嘴，把米硬往鸡嘴里塞。大公鸡拼命挣扎，还是不肯吃。最后陶先生轻轻地松开手，把鸡放在桌子上，自己向后退了几步，大公鸡自己就吃起米来了。全场鸦雀无声，听众的胃口被吊了起来。这时陶先生则开始了演讲：

我认为，教育就跟喂鸡一样。先生强迫学生去学习，把知识硬灌给他，他是不情愿学的。即使学也食而不化，过不了多久，他还是会把知识还给先生的。但是如果让他自由地学习，充分发挥他的主观能动性，那效果一定会好得多！

这时，全场掌声雷动，听众不禁为陶先生精彩形象的演讲开场白叫好。

陶行知在这次演讲中，就是以展示物品开头的。因为每个人都有好奇的天性，心中一旦有了疑团，就非得探明究竟不可。为了激发起听众的强烈兴趣，可以在讲话之前，先拿出一件物品，此举肯定会让在座的听众挺直身子。他们会猜想：他要表演魔术吗？这就引起了听众的好奇心。展示的物品可以是一幅画，一张照片或任何一件其他实物，只要有助于讲话者阐述思想、引起话题即可。

当然，演讲者在使用设置悬念法开场时，不能故弄玄虚，这一方法既不能频频使用，也不能悬而不解。要在适当的时候解开悬念，使听众的好奇心得到满足，也使前后内容互相照应，结构浑然一体。

🎙 TED演讲箴言

除了展示物品法设置悬念外，演讲者在演讲开场时使用的悬念的方法还有：

1.故事导入法

演讲者在演讲开始时，可以先讲一个亲切感人的逸闻趣事，以此造成悬念、吸引听众的注意力，所讲故事如果是亲身经历的，效果会更好。

可供使用的故事一般有两类：幽默的故事和一般的故事。但使用幽默的故事一定要注意，讲话者须有幽默的秉赋，切不可平淡、呆板；而后一类故事，可以是现实生活中的轶事趣闻，也可以是中外历史上有影响的事件。无论使用哪一类故事，都应注意要和自己的谈话内容相衔接。

1962年，82岁高龄的麦克阿瑟回到母校——西点军校。校园里的每一种东西，都令他眷恋不已，浮想联翩，仿佛又回到了青春时光。在授勋仪式上，他即席发表演讲，以这样的开场白开头：今天早上，我走出旅馆的时候，看门人问道："将军，你上哪儿去？"一听说我去西点时，他说："那可是个不错的地方，您从前去过吗？"

这个故事情节极为简单，叙述也很平淡，朴实无华，但饱含的感情是深沉的、丰富的。既说明了西点军校在人们心中非同寻常的地位，唤起了听众强烈的自豪感，也表达了麦克阿瑟对母校的那种深深的眷恋之情。

接着，麦克阿瑟不露痕迹地过渡到"责任——荣誉——国家"这个主题上来，水到渠成，自然妥帖。

2.即景生情法

演讲者演讲时，不妨以眼前的人、事、物、景为话题并加以引申，把听众的注意力不知不觉地引入演讲之中。当然，这个话题最好能生动有趣。这样即兴发挥，能给人耳目一新的感觉。

当然，即景生题不是故意绕圈子，不能离题万里、漫无边际地东拉西扯。否则会冲淡主题，也会使听众感到倦怠和不耐烦。演讲者必须心中有数，还应注意点染的内容必须与主题互相辉映，做到浑然一体、恰到好处地过渡。

3.对比设疑法

演讲者在开场时可以用强烈的反差、对比来引出自己的题目，以期在人心目中留下深刻的印记。这主要指以对比、对照和映衬之类的修辞手法来引领和导入自己的话题。

有一篇名为《论男子汉》的演讲，一开始，演讲者的话似乎跟一般的谦辞没什么两样，颇有离题之嫌。因为，他一口气就洋洋洒洒叙说了四个"为难"之处——我一点也不明白主办者的意图何在，这使我感到为难，这是我遇到的第一个困难。今天，我是第一次来到你们学校，一切都是陌生的。在一个陌生的环境里，人容易有一种不适应的感觉，这是我遇到的第二个困难。况且，刚才前面的几位同学又作了精彩的演讲，热烈的掌声可以做证，这给我增加了压力，算是我遇到的第三个困难。不巧得很，我本想凭手中这么一张卡片作一次演讲，却忘了戴眼镜了，想把它放在桌上偷偷地看几眼也不成了，这就是我的第四个困难。

乍一看，这开场白颇有些饶舌的味道；岂料到，那演讲者讲罢"第四个为难"之后，话锋突然一转，便进入自己早已拟定的题目了——但是，我并不胆怯；相反，我充满了信心。我相信，既然我站到了这个讲台上来，我就必定能够鼓起勇气，竭尽全力，让自己体面地走下台去！因为，我选择了这样一个演讲题目——《论男子汉》！

这样一来，"论男子汉"特有的"勇气"之题目，便同一开始的"胆怯"与"为难"形成鲜明的对比和反差，巧妙、贴切而又风趣盎然，听来令人解颐。这样的入题，不就做到了"辞明义见"和"曲径通幽"的完美统一了吗？

好的开场是成功的一半

开场白，顾名思义，就是一开场所说的话。开场白开得不好就等于白

开场。俗话说"好的开始是成功的一半"，所以说开场白非常重要。对于参加演说的演讲者而言，开场白就是沟通自己和听众之间的第一座桥梁。作演讲，开场白最不易把握，要想三言两语抓住听众的心，并非易事。

如果听众在演讲开始时就对你的话不感兴趣，注意力分散，那后面再精彩的言论也将黯然失色。因此，演讲者只有作出一个匠心独运的开场白，才能以其新颖、奇趣、敏慧之美给听众留下深刻印象，才能立即控制场上气氛，在瞬间集中听众注意力，从而为接下来的演讲内容顺利地搭梯架桥。

1990年，中央电视台邀请台湾影视艺术家凌峰先生参加春节联欢晚会。当时，许多观众对他还很陌生，可是他说完那妙不可言的开场白后，立即得到了观众的认同，并受到了热烈欢迎。

在下凌峰，我和文章不同，虽然我们都获得过"金钟奖"和"最佳男歌星"称号，但是，我是以长得难看而出名的……所到之处呢，观众给予我们很多的支持，尤其男观众对我的印象特别好。因为他们认为本人的长相很中国。中国五千年的沧桑和苦难全都写在我的脸上。一般来说，女观众对我的印象不太良好，她们认为我是人比黄花瘦，脸比煤炭黑。

这一番话嬉而不谑，妙趣横生，观众捧腹大笑。这段开场白给人们留下了非常坦诚、风趣幽默的良好印象。不久，在"金话筒之夜"文艺晚会上，凌峰满脸含笑，对观众说："很高兴又见到了你们，很不幸又见到了我。"观众报以热烈的掌声。至此，凌峰的名字传遍了祖国大地。

从这里，我们可以发现，出语不凡的开头，能唤起听众的兴趣和求知欲，产生巨大的吸引力，紧紧抓住听众的心，使听众非听下去不可。

在公共场合的讲话，也要设置一个精巧的开头，画龙点睛，勾勒提要，便能自然顺畅地引领下文，把听众带进声情并茂的演讲情景中去，造成有利于接受演讲观点的心理定式。

演讲的开头，在通篇演讲中处于领先的特殊位置，在演讲者和听众之间架起一座沟通思想情感的桥梁，为演讲的成功开辟道路。好的开头，是成功的演说的一半，能为全篇演讲定下基调——是庄重严肃，还是喜庆欢快，抑或诙谐幽默，以便在一开始就给人以清晰的印象。

🎤 TED演讲箴言

那么，在实际演讲中，一个精彩的开场白需要具备几个要素呢？在这里，你需要遵循以下几个原则：

1.交代演讲要点或演讲的基本结构

这种方式使听众一开始就能从总体上把握演讲的大致内容、纲目等，能使得听众听起来脉络分明，更容易把握演讲内容。

演讲的内容要点，往往体现了演讲的基本结构。这种开头，一方面便于演讲者搞好演讲总体布局，理顺头绪，条分缕析；另一方面对听众把握演讲要点、轮廓和演讲者的思路有很大好处，使他们不至于如堕云里雾里。

2.说明演说目的

美国快递公司主席詹姆斯·鲁滨逊三世在短短的15秒钟内便把他的演说目的陈述给听众：

女士们，先生们，早上好。谢谢大家给予我这个露面机会。美国广告联盟是美国传播工业的一个重要组成部分。当前，美国传播工业还面临许多问题，而重担则落在大家的肩上。我今天演说的目的便是就这些问题及它们呈现出的挑战谈谈我的看法。

在大多数情况下，演说的开头应揭示出演说的目的。如果做不到这一点，便很难让听者有继续听下去的欲望。

3.沟通演讲者与听众的情感

在一次欢迎加拿大贵宾的宴会上,加拿大总理特鲁多致辞说:

昨天的我观赏了香山枫叶,这使我想起了我们国家美丽的秋天。那枫叶也是我国秋天的美景,大家知道,枫叶还是加拿大国旗上的图案。我请大家尝尝宴会上的糖果,它是从枫叶中提炼出来的,是不是和北京东风市场上的果脯一样甜?

这样的讲话开头典雅、优美,尤其注意到以两国相通的事物来沟通演讲者和听众的情感,具有沁人心脾的最佳效果。

4.安定听众,控制会场

毛主席在《中国人民站起来了》中是这样开头的:诸位代表先生们,全国人民所渴望的政治协商会议现在开幕了。而他在《整顿党的作风》演讲中是这样开头的:党校今天开学,我庆祝这个学校的成功。今天我想讲一点关于我们党的作风的问题。

前一个开头语先有对听众的呼语,接着开门见山地宣布会议的名称和开始。

第二个开头语先提出讲话的缘由,表示对会议的祝愿,接着提示这次讲话的基本内容。

这两个开头虽然简短,却能够起到镇场的作用,使听众以良好的心理准备聚精会神地听取演讲者的发言。

的确,在演讲的场合,尤其是在人数较多的情况下,听众都有自己的"小动作",都各有所思,要把听众引入演讲的场景,集中神思,不仅要依靠主持者,也要靠演讲者开好头。

第04章　讲好故事，让演讲更动人

　　李阳曾说：演讲就是讲故事。在短短18分钟内，演讲中的故事可以精彩动人，又能融情于理，易于听众很好地把握。听众喜欢听故事，那些最引人入胜的演讲中有着大量的隐喻。不过，别将所有东西纳入一个短短的演讲，而应该深入地将内容细节化。

有趣的故事，谁都喜欢

　　在演讲过程中，若是运用一些诙谐的故事，则会让你的演讲别有风趣。有趣的故事能充分调动听众的热情，而且给人留下深刻的印象，甚至令其期待你的下一次演讲。通常情况下，演讲内容大多是枯燥而乏味的，不是专业知识，就是大堆大堆的辞藻堆积，在这样的情况下，演讲者讲得费劲，而听众也听得烦躁。更何况，现代社会生活节奏如此之快，谁愿意坐上几个小时来听一些枯燥无味的演讲呢？

　　唯一可能的理由就是，演讲者本身很有趣，总是擅长使用一些幽默诙谐的故事。如果不是这样，即便大厅坐满了听众，对听众来说，也是人在曹营心在汉，他们根本就没注意到台上的人讲了什么。

　　这是前外交部长李肇星在南大的演讲：

　　我问你们洪书记讲什么，洪书记说，你放开来讲吧，这是南大的传统。这个授权太大。由此我想起一个未经证实的小故事。美国前总统小布什，一次给全国老百姓演讲，说，我今天讲以下五点，结果讲到第四点，想不起来第五点了（笑声）。以后小布什讲话，再也不事先说讲几点了，

常说，"我讲以下几点"。所以，今天我向人家学习，也讲以下几点。

……

我大学读的是英文，现在，谁都会说OK！大学生、小学生都会说，当官的会OK，小品演员更不用说。但我读大学一年级的时候，一说OK，老师就要扣分。为什么呢？原来，OK，是美国最大的海港纽约港一个码头工人英文名字的缩写。这个码头工人，没有念过什么大学，也没有念过中学，就是干粗活的，他负责检查包装箱是否合格，他认为合格，就会写上自己的英文名字：一个"O"一个点，一个"K"一个点。慢慢地，人们一看到OK，就知道可以啦，好啦！所以，现在一个事情好了，大家都说"OK"。

欧洲文艺复兴之前，在现在的意大利，亚平宁半岛上的一个地方叫佛罗伦萨，是但丁的故乡，那里的饭菜做得不错，餐厅里的男服务员为了吸引顾客的注意，用脚尖走路，上牛肉的时候头上戴的牛角，上羊肉的时候头上戴的羊角，事实上这就是芭蕾舞的起源。

最初的芭蕾舞是以男主角为中心，妇女是不能上场的，后来法国出了个国王，叫路易十四，也叫"太阳王"，从佛罗伦萨娶了一个女孩，这个女孩就把原始的芭蕾舞带到法国的皇室。慢慢就有了商业性的演出，但还是以男演员为主，女演员上台演出，必须穿拖地的长裙，到1688年，有四个女孩特别大胆，她们背着导演，背着舞台监督，商量好要脱掉长裙穿比较短的裙子演出，没有想到演出效果出乎导演的意外，受到观众的喜爱。从此以后，女演员慢慢占领舞台中心。你看，这么高雅的艺术，也是劳动人们创造的。

……

在整个演讲过程中，可谓是笑声不断，当时南大能容纳500人的礼堂一下子爆满了，连人行道都站满了人。李肇星讲的诙谐的故事，使得整个会场的气氛变得轻松而愉快，名人与学生之间的距离，一下子就缩短了。

对于演讲者来说，需要充分显示自己的幽默感。一句得体俏皮的话，会立即让你和听众之间的距离缩短，并让你获得听众的好感；几句对付难题的机智回答，能让自己摆脱困境，并体现美好的自我形象，获得听众的赞美。

可是，在演讲过程中，并不需要每句话都诙谐。诙谐故事不仅需要风趣，更需要与演讲主题呼应，这样才能更好地表达幽默的效果，更真实地表达情感。

🎤 TED演讲箴言

实际演讲过程中，如何才能把生活与工作中的故事与演讲结合呢？

1.符合主题的故事

讲的故事需要符合演讲主题，这样才能满足观众的期望。当然，在这之前需要提前想好一些符合主题的故事。以自己的感受，发挥身体感官的作用，就会发现生活中处处都是能够用来作演讲的故事题材。平时也可以收集一些关于演讲主题方面的趣闻、剪报、图片、视频或新闻等。

2.完整而动人的故事

好的故事必须有创意，多看一些报道，慢慢学会以一个夺人眼球的标题吸引听众的注意力。当然，故事的主体也要沿承这个风格，不过故事的关键点一般都是用一句颇有哲理的话来总结，这会让听众印象更深刻。

3.有情感的故事

对某些需要深含感情的演讲主题，需要侃侃而谈，情绪激昂。可以通过多种途径选择有趣的轶事见闻，找到这个故事与演讲主题的联系，从联系点着手，就会让一个枯燥无味的主题生动起来，丰富起来。

4.生活化的故事

如果仅仅是讲诉一些伟大人物的故事，且又是众所周知的故事，对听众而言是没有丝毫吸引力的。寻找一些生活化的故事，从真实的生活片段里选材，做到自然而流畅，这样就会与听众产生共鸣。

5.听众的故事

一个可以与听众产生情感共鸣的演讲，才能使人铭刻在心。你所讲的故事，就好像是他们的过去，每一个听众就像是我们身边的朋友、邻居，共同生活在一个世界里，故事里会有很多的交集。所以，试着讲一些他们的故事，更能打动人心。

故事让演讲更动人

生活中的很多人都听过故事，但并非每个人都当众为大家讲过故事，讲故事看起来很容易，真讲起来就不那么容易了。也许，你在听别人讲故事的时候，感觉别人讲故事总是绘声绘色，很吸引人，甚至让你废寝忘食地去听；可是一旦自己讲起来，仿佛就不是那么回事了，干干巴巴，毫无吸引力。因此，讲故事也是一种能力，并不是人人都可以把故事讲好的。而当众讲故事则更是一门比较难的学问。

毛泽东同志在中国共产党第七次全国代表大会上的闭幕词中有这么一段：

中国古代有个寓言，叫作"愚公移山"。说的是古代有一位老人，住在华北，名叫北山愚公。他的家门南面有两座大山挡住他家的出路，一座叫作太行山，一座叫作王屋山。愚公下决心率领他的儿子们要用锄头挖去这两座大山。有个老头子名叫智叟的看了发笑，说是你们这样干未免太愚蠢了，你们父子数人要挖掉这样两座大山是完全不可能的。愚公回答说："我死了以后有我的儿子，儿子死了，又有孙子，子子孙孙是没有穷尽的。这两座山虽然很高，却是不会再增高了，挖一点就会少一点，为什么挖不平呢？"愚公批驳了智叟的错误思想，毫不动摇，每天挖山不止。这件事感动了天帝，他就派了两个神仙下凡，把两座山背走了。

现今也有两座压在中国人民头上的大山，一座叫作帝国主义，一座叫作封建主义。中国共产党早就下了决心，要挖掉这两座山。我们一定要坚持下去，一定要不断地工作，我们也会感动上帝的。这个上帝不是别人，就是全中国的人民大众。全国人民大众一齐起来和我们一道挖这两座山，有什么挖不平呢？

毛泽东同志讲了"愚公移山"的故事，并且与当时的革命情况联系起来，更深刻地表现了当时国内的状况，对于下面的民众也更有说服力。

在班会课上，班长作了一个演讲：

日本有一家濒临倒闭的食品公司，为了起死回生，决定裁员三分之一。

有三种员工名列其中：第一种是清洁工，第二种是司机，第三种是无任何技术的仓库管理员。经理找他们谈话，说明了裁员的意图。

清洁工争着说："我们很重要。如果没有整洁优美的工作环境，你们怎么能全身心地投入工作？"司机接着说；"我们很重要。这么多产品，没有司机负责运输怎么能迅速销往市场？"仓库管理员最后说："我们很重要。如果没有我们，这些食品岂不要被流浪街头的乞丐偷光？"听完他们的辩解，经理觉得他们的话都有道理，权衡再三，决定暂不裁员。

第二天，让所有员工没有料到的是，经理在公司门口悬挂了一块大

匾，上面写着"我很重要"四个大字。就是这一句话，调动了全体员工的积极性，增强了大家的责任感，几年后，该公司迅速崛起，成为了日本有名的企业之一。

听完这个故事，在座的各位班委成员，是否意识到自己也很重要呢？如果意识到了，那就让我们分工合作，齐心协力搞好班上的工作吧！

通常情况下，精彩的演讲是理论与故事的糅合，由理论引出故事，由故事得出结论，彼此映衬而又相得益彰，最终使整个演讲精彩绝伦。当然，选择合适的故事是很重要的，必须选择能符合演讲内容、贴合听众的故事。

🎤 TED演讲箴言

演讲者要想能够成功地当众讲故事，并通过讲故事来论证自己的观点，需要注意以下几点：

1.选择合适的故事

你当众讲故事的目的是论证自己的观点，或者是深化讲话的内容，而并不是娱乐大家，所以选择故事的时候要恰到好处，贴切自然。不能过于频繁，更不能生搬硬套，否则就会造成东施效颦、弄巧成拙的后果。

2.巧妙插入，并且适当加工

你在讲话的时候，需要巧妙地引入一个故事，而不能随便插进一个故事，否则听众会认为你讲话没有条理性。你在引用的时候，可以根据讲话的需要，进行适当的修饰加工，或者是取其某个意义，并找出这个故事与所论述内容的集合点，并进行解释，以达到说话的目的。

3.把握故事语言的个性化

故事的语言不同于其他文学形式的语言，它最大的特点就是口语性强、个性化强。所以，当你准备开始讲一个故事的时候，要与你之前讲话的语言、语气分开来，最好能使自己的感情与故事中人物的感情相融合，做到惟妙惟肖地表达故事情节和人物性格。把一个故事讲得引人入胜，这也是你吸引听众的一个关键点。

如何在演讲中讲好故事

很多人演讲中讲故事时，习惯性将爆点藏在故事的最后面，而下面的听众可能还没熬到那个时候就纷纷去上厕所了。每一个故事都有精彩的爆点，也就是故事的高潮部分，这是每个人都想听的，每个人都有那种想继续听下去的欲望。如果你说"这一张很小的油画就能卖两三百万"，大家都会惊奇地问，"为什么会这样呢""这是怎么回事"。

有一次，蔡康永必须在节目里介绍画家常玉的生平，他知道许多观众没有听说过常玉，他也了解许多人认为画家其实离人们的日常生活很遥远。为了做好这期节目，蔡康永花了一番心思，他想，如果自己在节目一开始就说"常玉年轻的时候就很想到外国去留学，他家里当时还算有钱，就花钱把他送去巴黎"——他这样说，大部分观众并不会感兴趣，可能观众会想，"常玉是谁啊，我听都没有听说过"。

所以，在正式录节目的时候，蔡康永把故事的顺序改了一下，节目一开始，他就拿起常玉的传记说："我手上这本书，大概只比鼠标垫大一点点，如果上面画的都是常玉的油画，那么，它的市场价格大概是台币两百万到三百万。"这样的开场方式让蔡康永留住了很多听都没有听过常玉名字的观众，因为他一开始就讲出了故事的爆点。

由此可见，说话与写小说有着很大的区别。一般而言，小说是以塑造人物形象为中心，通过完整故事情节的叙述和深刻的环境描写反映社会生活的文体。而且，大多数小说都会以故事情节的发展来设置高潮，它带领着读者一步一步走进故事最精彩的部分。"把故事的爆点放在最前面"这样一种说话方式，实际上是一种"倒叙"的模式。

我们在阅读小说的时候会发现，故事情节的高潮部分通常都会被安排在最后部分或者中间部分，小说这样一种结构安排会让读者身临其境。但是，如果我们在说话时也将最精彩的一部分放在最后面，那么听者有可能在听了一部分后就哈欠连天了，因为他们的注意力不能长久地保持下去，所以导致了整个故事的失败。

把故事的爆点放在最前面，能增强故事的生动性，在听者心中留下悬念，这样的叙述更能引人入胜，同时也可以避免说话的平板和故事情节的单调。采用这样的说话方式，主要是为了给听者造成悬念，引人入胜，达到特殊的表达效果。

🎤 TED演讲箴言

当然，"把故事的爆点放在最前面"时，也要注意使用恰当的过渡句，否则就会使故事头绪不清，脉络不明，最终影响到你的表达效果。

1.讲话中灵活使用"倒叙"

如果把故事的爆点藏在太后面，很容易让故事"废了"。那么，如何能让你的讲述更生动呢？秘诀就是"调整故事的顺序"，也就是我们在叙述故事时经常用到的"倒叙"。它是根据表达的需要，把故事的结局或某个最重要、最突出的片段提到讲述的最前边，然后再解释"为什么会出现这样的情况"，即把故事按原来的发展顺序进行讲述。

这样的"倒叙"方式不仅常在说话中被使用，也常被运用到电影创作中。比如，苏联影片《这里的黎明静悄悄》里，最开始的情节是"年迈的上尉带领几个年轻人在扫墓"，然后再倒叙墓碑下牺牲的年轻女战士们那可歌可泣的故事。还有电影《辛德勒名单》《泰坦尼克号》等，都采用了这种方法。

2.如何使用"倒叙"

当然，"倒叙"的说话方式，并不是把整个故事都倒过来叙述，而是把最精彩或高潮部分提前，其他的部分仍采用一般的讲述方式。在日常生活中，我们采取倒叙一般有三种情况：有时候是为了表现话题的中心，所以把最能表现主题的部分提到前面，比如董事长在开始就说出会议主题；有时候是为了使自己的讲话富于变化，避免平铺直叙；其实，更多的时候是为了表达效果的需要，使自己的讲述曲折有致，给人造成悬念，引人入胜。不过，需要注意的是，不要没有目的地颠来倒去，反反复复，使整个故事描述不清。

3.如何练习这种说话方式

如果有兴趣练习这种说话方式，可以看看报纸或网络上的新闻都喜欢用什么样的标题来吸引读者把整则新闻看完。一般而言，新闻的标题都是整个新闻事件的爆点，这是无可厚非的。这样，撰写新闻标题的人就不用担心读者不看新闻了，因为标题往往能激发读者的好奇心，"为什么会这样""到底发生什么事情了"。所以，要想练习这样的说话方式，可以在平时多看看新闻是如何拟写标题的，同时，在实际讲述故事的过程中，尽可能地调整故事的顺序，把故事的爆点放在最前面。

动情讲故事，拿捏好语态

在语言表达中，我们需要将语言与感情相融合起来，努力做到声情并茂地说话，如此才能抓住听众的注意力。我们都有这样的经历，儿时临睡前父母坐在床边说故事的时候，他们那神情、那语言就好像已经化身成了故事中的主人公，而这样说故事的方式恰恰是我们喜欢的。其实，这就是声情并茂地说话。演讲者说话声情并茂才有人爱听，对听众才有吸引力，才容易取得好的效果。

连战先生是一个有智慧的人，所以他常常在演讲中插科打诨，趣味横生。幽默的语言和举动，让他的演讲变得很生动，可以说是声情并茂。他在北大演讲时，一上来就跟大家开了一个玩笑，笑呵呵地说北大是自己的母校——"母亲的学校"。这样一说，一下子拉近了自己与所有听众的距离。在谈到自己的出生地西安的时候他说："日本人占了洛阳，轰炸重庆，天天从西安上面过去，然后回来，用不完的炸弹都掉在西安。"听众听到这里马上哄堂大笑。

连战先生能够如此成功地作完这次演讲，重要的原因就在于他运用自己智慧的幽默，以及恰当的体态语言，使本来枯燥无味的演讲变得有声有色。他把非常严肃和刻骨铭心的记忆用这样一种调侃的形式表达出来，确实让人记忆深刻。

学校里的徐老师虽然年过半百了，但他拥有很多粉丝，这些粉丝都是听过他课的学生。如果你问学生为什么会这样喜欢徐老师，他们则会回答："讲课时声情并茂，十分精彩。"

原来，在课堂上，徐老师完全把自己融入进了课文故事中，时而是狡猾的狐狸，时而是聪明的小白兔，时而是声音颤抖的老人，表情生动，声音惟妙惟肖，逼真极了。这样一来，无论是多么枯燥的课文，只要徐老师来上课，那整个课堂就会变得活跃起来。

声情并茂地说话，实际上就是将个人的情感融入说话过程中，而不是把自己脱离出来。当情感真正地融入说话中，你的声音、神态、表情，甚至身体语言都会随着内容的不同而发生相应地变化，就好像表演一样，只有真正地融入其中，才能更深入地表达出自己的想法和观念。

在演讲中，演讲者不仅需要使用具体生动的语言来说明问题，还需要运用生动的体态语言，以及优美动听的声音，如此才能真正地做到声情并茂。如果你只是空洞地说教，面无表情，一动不动地站在那里，即便你说得多么洋洋洒洒，也还是无法调动听众的情绪，这样你的讲话无疑就是事倍功半。

🎤 TED演讲箴言

那在实际演讲中，如何做到声情并茂呢?

1.声音、情感与说话内容协调一致

声情并茂地说话，要求说话者的声音、情感与所说内容协调一致，悲伤时用沉重的语调，神情沉痛；高兴时用欢快的语调，面带笑容。这样才能更准确地用语言表达出内心的想法，听众也才能真正地被你带入其中。

2.切忌沾上表演的痕迹

虽然要求说话者声情并茂地说话，但并不是说说话者需要像演员一样去做戏，而是将自己真实的情感融入说话中，不要太夸张，无做作的痕迹，这样才能大方自然地表现出自己内心的情感。

悬念故事，勾起听众的好奇心

叩击心扉的往往是引人入胜的故事。勾引别人继续听你说话，很像电视剧勾引观众继续看下去用的招式。以前很长一段时间，电视剧每播出一段，就要进一段广告，而且在进广告之前，画面会停止在最精彩的一刻：男主角赏女主角一记耳光，或者已经扣住了扳机的手枪指着女主角，或者男主角被坏人打下了山崖。这些悬疑而精彩的故事情节，引发了观众的好奇心，他们都想知道"后来怎么样了"，好奇心促使他们继续看了下去。

小A上中学时，有一天回家竟然看见妈妈正被一个男人殴打，他仔细一看，这个男人是妈妈的上司。情急之下，小A朝那个男人扑了上去，男人被扑倒了，后脑狠狠地撞上了桌角，死掉了。故事讲到这里就停止了，可是不断有人问，"妈妈后来怎么办呢？""小A有被发现杀了人吗？""后来怎么发展下去的？"很多人听了这个故事都会充满好奇，想知道后来怎么样了。

课堂里所有人都在准备笔记，每个人依然习惯性地敲着笔记本，然而接下来发生的事令所有人惊讶不已。

一位少年自信地从讲台后站了出来，用洪亮而活泼的声音说道："今天我要向大家分享一个16岁天才少年的故事……"敲击键盘的声音戛然而止，所有人的目光都落在他身上。

他展示了一张巨幅照片，一位报纸摊主满脸忧伤，标题是"罗斯福逝世"。

他说："这张如今很著名的照片是由这个16岁少年在1945年拍摄的，并以25美元的价格卖给了一家杂志社。"

他然后又展示了几幅这个少年拍摄的照片：有擦鞋工凝望一群飞鸟的

唯美照片；有舞女郎对着镜子涂口红的照片。就在成功地引起大家的好奇心、令大家开始思索这个神秘摄影师是谁的时候，他说道："这个少年日后成为史上最有影响力的电影导演之一。你们知道他是谁吗？"

教室里的人都眼巴巴地等着答案，"他是斯坦利·库布里克。"

悬疑式说话方式取自于悬疑式小说，悬疑小说是一种具有神秘特性的推理文学，可以唤起人们本能，刺激人们的好奇心。无论是悬疑式说话方式还是悬疑小说，它们的目的都是给听者或读者留下悬念，让他们心中产生无数个问号，令他们迫切地想知道"后来呢""主人公后来会怎么样"等，然后引领他们一步一步地揭开悬念。说话者可以对环境特定场景的描述，引起读者的警觉，令其不由得为主人公的处境担忧起来，总想知道"后来怎么样了"，憋在心里的一口气要待到整个事件水落石出才能吐出。

希区柯克，著名导演，因其悬念电影而闻名世界，其悬念电影比较注重故事的发展过程，注重渲染各种气氛，让观众以更为紧张的心理状态去关注主人公的个人命运，为他们的各种遭遇担惊受怕，对人类的心理世界有着深刻的体悟。由此可见，悬疑式说话方式最大的特色，就在于对环境气氛的渲染，它的目的就是让听者兴奋起来，愿意将你的话继续听下去。

人必须知道很多事情后来是怎么发展又怎么结束的，因为这是人从原始时代开始向同伴们学习生存之道的方法。每个人都有好奇心，利用"悬疑式"说话方式激发出大家想听下去的欲望，恰恰能达到引人入胜的目的。

🎤 TED演讲箴言

1.设置悬念

引人入胜地讲故事最大的特点就是设置悬念，注重调整叙述事情的

顺序,注重渲染说话气氛,激发听者的好奇心,使其迫不及待地想了解后来的情况。如果你对朋友说"今天我在商场看见了刘德华",旁边的人一定会问"后来呢",他们想知道你有没有跑过去要签名、刘德华本人帅不帅、刘德华去商场干什么。

2.如何设置

当然,设置悬念的具体方式有很多种:以环境叙述为悬念,"大年夜那天冷极了,下着雪,天快黑了,我看见一个小女孩光着脚走在街上",这时候对方一定会问"这个小女孩是干什么的""还下着雪,她怎么会光着脚""大年夜,她为什么不赶快回家过年",把人物放进这样一个典型的环境中,便紧紧地扣住了对方的心弦;以某场面或某一段情节为悬念,"周瑜施毒计,要诸葛亮10天造好10万支箭,诸葛亮却说只用3天,还立下了军令状",诸葛亮后来成功了吗? 这自然会引起对方继续听下去的欲望。

3.中途停顿

悬疑式说话的另一大特点就是渲染气氛,这就需要调整语气,适时停顿。如果你像读课文一样讲述某件事情,对方也许会听得昏昏欲睡。所以,蔡康永建议,当你向朋友转述一件事情的时候,说了几句话或者描述了一个情节后,可以先停顿一下,看你朋友会不会问你"后来呢""然后呢"。

4.如何练习"悬疑式讲话"

在叙述事情的时候,最好中途停顿,看对方有没有追问"后来呢"。如果对方这样追问了,那表示你叙述事情的方式是吸引人的;如果你停顿了,对方并没有追问,反而把话题转移开了,这表示你设置的悬念有偏差。也可以找机会改个方法,把同一件事用别的顺序再讲一遍,看对方这次会不会问你"后来呢"。

技巧篇

在TED演讲中，有一些小技巧可以影响到演讲的最终效果。本部分是一些准备演讲、练习演讲以及提升演讲技巧方面的一些小秘诀。通过阅读本部分演讲者不仅能学到这些实用技巧，而且可以拓宽自己的思路。

第05章　练习声音，开口震撼全场

有人说人类的声音如同弹奏的乐器，可能是这个世界上最有力的声音。在实际演讲中，演讲者的声音可以更好地烘托演讲内容，如音域、音色、韵律、语速等，这些因素综合起来可以使演讲声音抑扬顿挫、优美动听。

腹式呼吸，让声音浑厚有力

在生活中，许多人抱怨自己的声音很小，而且极不稳定，尽管自己已经觉得很大声说话了，但就是发不出声音，甚至觉得自己的喉咙好像有什么东西堵着似的。总结起来，就是感觉说话很费力，声音又传不远，而造成这种现象的原因有两个：一是没有充分利用共鸣腔器官，二是气息不稳。

通常我们发出的声音都是依靠两片声带震动而成的，这是很容易理解的，而同时，震动经过咽、喉、口腔、鼻腔、胸腔等人体器官后被逐渐修饰、放大，形成了自己的声音，最终传到了别人的耳朵。当我们对着身边的人耳语时，声带没有震动，仅仅是气息的摩擦，也就发不出任何声音。如果你想使声音变得洪亮而平稳，仅凭声带的强烈震动是不行的，这样只会损伤声带。

小王的声音一直就很小，而且含糊不清，身边的人总是抱怨："小王，你就不能大声一点，说清楚一点吗？"小王对此也表示很无奈，声音本来就是这样，即便是自己用尽了全身的力气，声音还是大不起来；而且，稍微一用力，便觉得声带发紧，嗓音变得更小，嗓子也有些疼痛，到了医院检查，才发现声带充血了。

医生建议说："不要用力发声，否则会损伤你的声带。"小王无奈地摇摇头，自己是一个普通的推销员，每天所需要的就是当众说话，不仅如此，如果自己声音不够洪亮或者忽高忽低，还会影响到自己的业绩，这可如何是好呢？

难道就没有其他的方法了吗？现在流行一种腹式呼吸的发音方法，也就是让横膈膜上下移动。这是因为吸气时横膈膜会下降，并将脏器积压到下面，所以肚子会膨胀，这时胸腔没有膨胀。而在呼气时横膈膜会上升，这可以进行深度呼吸，吐出很多积存在肺里的二氧化碳。呼吸本来是一种正常的生理现象，一呼一吸承载着生命的重量。科学家经过研究发现：人的肺平均有两个足球那么大，但大多数人在一生中只使用了其中三分之一的能力。而腹式呼吸可以很好地将肺的作用充分地发挥出来，通过腹部呼吸，可以改善我们的声音状况。

腹式呼吸又分为顺呼吸和逆呼吸，顺呼吸就是指吸气时轻轻扩张腹肌，感觉舒服的时候，尽量地吸气，越深越好，等到呼气时再放松腹肌。逆呼吸则是吸气时轻轻地收缩腹肌，呼气时再慢慢地放松。两者的区别在于：逆呼吸只牵涉到下腹部肌肉，也就是紧靠在肚脐下方的耻骨区。吸气时轻轻地收缩腹肌，呼气时慢慢放松，呼吸在这样的方式下变得很轻松，差不多只占据了一半肺容量。

腹式呼吸的具体方法是：让自己仰卧或呈舒适的冥想坐姿，全身放松。先用一段时间来观察自己的自然呼吸，然后右手放在腹部肚脐，左手放在胸部。吸气时，尽力地向外扩张腹部，胸部则保持不动；呼气时，尽量收缩腹部，胸部则保持不动。如此循环，保持每一次呼吸的节奏一致，你可以体会到腹部的一起一落。这个方法最重要的在于：每次呼气吸气都需要达到最大限度的量，吸到不能再吸，呼到不能再呼，若是每口气都能直达丹田，那是再好不过了，这样你就能保持沉稳而洪亮的声音了。

其实，腹式呼吸的方法不仅能让我们的声音变得洪亮而平稳，还能为我们的身体带来很多益处，如扩大肺活量、减少肺部感染以及改善腹部脏器的功能等。

🎤 TED演讲箴言

但在使用这种方法的时候，我们还需要注意几个小问题：

1.呼吸气的技巧

呼吸要尽量深长而缓慢，用鼻子吸气，用嘴巴呼气。做完一个呼吸的动作大概在15秒左右，也就是深吸气差不多在3~5秒，屏息1秒，然后慢慢呼气，时间也是3~5秒，屏息1秒。而每次的练习需要保持在5~15分钟，当然，如果你能够坚持做到半个小时，那是最好不过了。

2.以自己的身体量力而行

对于身体好的人来说，屏息的时间可以延长一些，呼吸节奏尽可能地缓慢；而对于身体差的人来说，就不必屏息了，但一定要尽力吸气。就这样每天练习一两次，坐着、躺着、走着甚至跑着也可以练习，直到身体出汗为止。

发声练习，让听众感受到自信的力量

在生活中，我们经常说某人说话没有底气，就好像是一个大病初愈的人在说话，声音很小，而且没有张力。有时，这里的底气可以理解为"信心"，也就是由于心理素质导致声音出现这样的情况，但并不是所有的情况都是如此。也就是说，某些人说话底气不足的原因在于其本人的声音问题，更明确地说是缺乏科学的发声练习造成的。

　　健康咨询室里，收到了这样一封信：

　　医生，你好，我今年23岁了，是一位成年的男性。但一直以来我为一个问题困扰着，我身边的朋友以及家人都说我说话有气无力，跟我的年龄很不符合。年轻人不应该都是朝气蓬勃，声音响亮的吗，但我的声音为什么会这样呢？就连我自己都觉得声音很难听，十分沉闷，好像嗓子里有一层膜在隔离我的声带发出的声音一样。

　　我大学快毕业了，即将面临的就是工作问题。而对于任何一家公司或企业来说，好的精神面貌都是很重要的。我本身性格外向，平时也很喜欢说话，但就是这声音听了让人恼火，我也知道这不是我刻意纠正就能改变的问题。因此，我想咨询，声音出现这样的问题到底是什么原因呢？是缺乏锻炼还是有病呢？我该如何努力才能纠正这样的声音状态呢？

　　其实，无论是正要求职面试的年轻人，还是需要到处进行当众说话的公司职员，他们都关心自己的声音听起来是否底气不足。若是缺乏底气，那么自然不容易引起别人的关注，这样一来，你说破了嘴也没人会听，更别说会有人肯定你的说话水平。实际上案例中求助者的问题是能够被解决的，只要进行一段时间的语音训练，就可以有效地改善声音底气不足的现象。

　　在发音过程中，气息是声音的动力来源。充足、稳定的气息是发音的基础，有的人说话声音洪亮、持久、有力，我们通常会说"底气十足"；反之，有的人说话声音很小，有气无力，上气不接下气，就好像蚊子嗡嗡叫一样，这样的人则是明显的"底气不足"。在发音练习中，所谓的"底气"其实是"中气"。之所以会出现差别，除了身体素质的区别以外，还有就是气息技巧的问题，也就是呼吸和说话的配合、协调是否恰当的问题。

通常说话是在呼气时而不是在吸气时进行的，停顿才是在吸气时进行的。若是长时间地说话或演讲，则要求比平时更强的呼吸循环。

在平时的生活中，我们都喜欢听那些饱满圆润、悦耳动听的声音，而那些干瘪沙哑的声音则往往令人生厌。若是经常处于当众说话的场合，你更需要锻炼出一副好嗓子，练就一腔悦耳动听的声音，这是提高你演讲水平的必备条件。

TED演讲箴言

在说话过程中，我们要处理好说话和呼吸的关系，就必须注意如下问题：

1.呼吸要尽量放松

在呼吸之间，需要尽量轻松自如，吸气要快速，呼气要缓慢、均匀，而且吸入的气量要适中，太多会让你喘不过气来，太少了又不够用。

2.说话的姿势有利于呼吸

不管是站着还是坐着，都需要抬头舒肩展背，胸部稍微向前倾，小腹内收，双脚并立平放。这样的站姿利于呼吸，让你的发音部位，如胸、腹、舌都处于一个良好的准备状态中。只有呼吸通畅了，你的发言才会更流利。

3.尽量在说话中自然停顿换气

说话过程中有自然的停顿，这时就应该自然地换气，不要说完了一长句话才大口吸气或呼气，这样说话很费劲。而且要按照自己的气量来决定是否在那些较长句子的中间停顿，千万不要为了达到表达效果而勉强去做，这样只会适得其反。

注意语调，让演讲极富音乐美感

演讲大多都是凭借有声语言来达到交流的目的，而语言表达则主要在于语音。优秀的演讲者善于借助语音的细微变化、语调语气以及停顿等一系列表达形式，使自己的言语表达更加准确、清新自然，同时具备抑扬顿挫的音乐感，就像一个技艺高超的琴师，弹奏出悦耳动听的音乐，体现出语言的音律美与和谐美。有的人说话比较注重声音的高低起伏、停顿转折，并且节奏分明，自己说起来朗朗上口，听众听起来也觉得悦耳动听。其实，要想达到这样的效果，就需要我们有效地掌握抑扬顿挫的语言表达技巧，使自己讲话听起来悦耳动听、抑扬顿挫。

在演讲的时候，抑扬顿挫地讲话可以增强口语表达的感染力，从而达到吸引听众的目的，如果说话者总是以一成不变的语调讲话，很容易让听众觉得乏味。

女士们、先生们：

早上好！由马来西亚××有限公司主办，中国××协会与我分会所属的××××公司承办的"中国国际××展销会"今天在这里开幕了。我谨代表中国国际贸易促进委员会××市分会、中国国际商会××分会表示热烈祝贺！向前来展销的西班牙、比利时、中国台湾与香港地区以及我国各省的中外厂商表示热烈的欢迎！

本届展览会将集中展示具有国际水准的各类××产品及生产设备，为来自全国各地的科技人员提供一次不出国的学习机会；同时，也为海内外同行共同切磋技艺创造条件。

朋友们、同志们，××市是中国最重要的工业基地之一，作为长江流域乃至全国对外开放的重要窗口，将实行全方位的开放。我国政府已将

××的开发、开放列为中国今后10年发展的重点，××大桥的正式通车，将标志着××新区的开发已经进入实质性的启动阶段。××市将进一步改善投资环境，扩大与各国各地区的合作领域。我真诚地欢迎各位展商到××的开发区和××新区参观，寻求贸易和投资机会，寻找合作伙伴。作为××市的对外商会——中国国际贸易促进会××市分会将为各位朋友提供卓有成效的服务。

最后，预祝"中国国际××展销会"圆满成功！感谢大家！

这篇讲话稿虽然水平很一般，但经过演讲者那抑扬顿挫的强调，使得整个会场爆发出了雷鸣般的掌声。整个讲话过程中，层次分明，结构严谨，思路清晰，语言简洁而充实，语调可谓是"抑扬顿挫"，既体现了观点，又表达了要求，态度明确，观点鲜明，对展销会的举办有明显的导向作用。

要使演讲抑扬顿挫，极富音乐美感，其中的秘诀是有章可循的。要善于抓住句子的重点来强调你所要表达的思想感情，适当的时候运用重音。在正式的语言表达中，灵活应用重音可以增强个人语言表达的感染力，表明话语中的轻重之分，从而达到抑扬顿挫的语言效果。

🎙 TED演讲箴言

那如何才能使自己的说话变得抑扬顿挫？

1.注意"重音"

演讲时，我们经常运用到重音，重音在生活中必不可少。比如，"这篇文章的大意是什么""大意"就是"大概的意思"，如果你在朗读的时候把"意"轻念，就会让听众认为是"粗心"的意思。

所以，重音不但能使声音高低起伏不断，还具有区别词意的作用，读重读轻表达的意思不一样，重音可分为三种：语法重音，比如，某个字它本来就应该重读，而当它在某个句子里的时候，就应该读出重音来；逻辑重音，在公开说话时，肯定有一部分的内容是比较重要的，这时候就需要根据说话的内容和重点自己确定重音的读法；感情重音，主要用于表达强烈的感情或细微的心理。

2.适当停顿

演讲时不仅要让你的声音有高低起伏的音乐感变化，还需要停顿转折的回旋变化，这样才能使你的说话听起来抑扬顿挫、悦耳动听。总的来说，停顿主要分四种，即语法停顿、逻辑停顿、感情停顿、特殊停顿。

除此之外，还需要我们在演讲的时候把一些书面上的停顿快速连接起来，这就需要一定的连接力了。也就是把书面上标有停顿的地方快速连起来，需要不换气、不偷气，一气呵成，如此说话可以渲染现场气氛，增强语言的气势。

耳语练声，让声音有磁性

人类语言的声源是在声带上，也就是我们的声音是通过气流振动声带而发出的。通常我们所说的"练声"是确实地发出声音：需要先放松声带，用一些轻缓的气流振动它，让声带有点准备，发一些轻而慢的声音，而且不能张口大喊大叫，否则会损害声带。即便是声带活动开了，也需要在口腔上再做一些准备工作。这样的"练声方式"虽然可以帮助我们改善自己的声音状态，但是容易吵到别人；若练习时间太长，声带也会很累。于是，人们致力于发现一种能让咽喉发声的更准确的练声方法。

小琪是大三的学生，马上就要进行普通话测试了，但他还没作好一点

儿准备。之前在课堂上，老师就建议小琪多练声，努力让自己发音更准确一些。小琪当时根本不知道"练声"这个专业词汇，后来，他花了一个晚上去百度搜索，才知道具体的方法。

以后，小琪天天晚上就抱着一本书在宿舍里练习，还拿着一面镜子，但嘴不见动，声音也没有。同寝室的同学觉得奇怪了，好奇地问道："小琪，你这是在练声吗？咋听不到你朗诵或读书的声音呢？"小琪笑着回答说："我这就是练声，绝对的名副其实。"同学看见他微微振动的喉结，笑了："你这不是普通的默读嘛，搞得这样神秘。"小琪着急了："我这还真是练声呢，不信你可以问问老师，这就是耳语练声法。"

案例中小琪所说的"耳语练声法"确实存在，这是一种全新的练声方法，而且所产生的效果相当不错。相比较传统的练声法，耳语发声练习有两个好处：不哑、不吵。不哑也就是即使你每天疯狂地练习气息和吐字，你的声音也不会沙哑，因为你只是用了气而没用嗓子，声带不累，声音自然不会嘶哑，这就相当于用咽喉发出最准确的声音。而在使用传统的练声方法时，若方法不当则很容易造成嗓子嘶哑。不吵是因为耳语就相当于说悄悄话，你根本不用发出声音就练习了吐字，随时随地都可以练，却不用担心这样会吵到别人。而若是传统的练声方法，你则需要寻找一个没有人的地方，练习的时间、地点都会受到限制。

你可以先试着用耳语练习，体会与传统练声法的不同之处，比如，练习绕口令："天上七颗星，地上七块冰，台上七盏灯，树上七只莺，墙上七枚钉；吭唷吭唷拔脱七枚钉；喔嘘喔嘘赶走七只莺。乒乒乓乓踏坏七块冰；一阵风来吹来七盏灯，一片乌云遮掉七颗星。"假如是传统的练声法，可能你会紧皱眉头，咬紧牙关练习，如此的结果是声音暗哑，而且咬字不清楚。如果试着用耳语练声法，则是面带微笑，如此的效果是气息通畅，吐字轻巧。

耳语练声方法打破了传统练声的原则，在耳语练习中，你可以将练气、练声、练眼神、练语言密切结合起来，可以同时实现多个目的。当然，在耳语练习中，需要的条件是：面带微笑、手势训练，对着镜子练习。

TED演讲箴言

可能许多人对面带微笑进行耳语练声很疑惑，为什么一定要面带微笑呢？

1.吐字更轻松

俗话说："笨嘴拙舌。"意思就是舌根太紧，太僵硬，转不过弯来，才说不好话。而当你微笑的时候，你的舌根自然就放松了。比如，你在说"早上好"时，面带微笑，舌头自然放松，舌根往后缩，马上就能用舌头灵巧地说话，如此吐字更轻松、更清晰。

2.气息更容易汇聚丹田

微笑和气息是反向运动，微笑时，肌肉会向上拉，而气息则会下沉丹田。比如，你说"早上好"时，若是面带微笑，嘴角上扬，眼睛里含有笑意，肌肉放松，整个气息就沉下去了。这时你的肌肉放松了，肩也松了，胸也放松了。如果你面无表情地说，那你的气息是很浅的，因为你紧张时气息被锁住了，不容易沉下去。

3.声音更动听

一个人要想声音动听，就要掌握好共鸣。而只有口腔扩大，才会有共鸣的声音。当你微笑的时候，你的口腔就打开了，声音有了共鸣，圆润了，自然就动听了。但当你表无表情或者愁眉苦脸的时候，你的口腔很小，声音自然没有共鸣，也不悦耳。

自然停顿，掌控整场演讲的节奏

美国前总统林肯在说话时有个习惯就是适当地停顿，当他说到某个重要的问题，而且希望这些内容能在听众的脑海中留下非常深刻的印象时，他的身子会向前倾，注视着听众的眼睛，大概会停顿一分钟的时间，这段时间内他一句话也不说。就好像突然而来的嘈杂声音，这种突然而来的沉默，往往可以吸引人们的注意力。这样的停顿，会让每一个坐在台下的听众都竖起耳朵，十分专注地听对方接下来会说些什么内容。当然，恰到好处的停顿会让你的声音发挥出较好的水平，如果是牵强的停顿，则会对你的声音产生不利影响。

在说话过程中，演讲者要考虑到听众的接受度，让听众有相当多的时间消化自己想传递的信息，同时也需要时间给自己控制节奏、理清思路、观察反馈。当然，这样的停顿时间是较短的，否则就会造成说话啰唆的现象。同时，在停顿时需要保持一定的连贯性。

话语的停顿主要基于两方面的需求，一方面是相信没有任何一个人能憋足一口气将所有的内容都说完，他需要喘息的时间，或者说喝水的时间，如果使用声带的时间过长，会导致声音沙哑，甚至上气不接下气，声音也会变得越来越弱；另一方面是因为语言本身需要停顿，诸如语法、逻辑、感情，还有一些特殊停顿，这都是需要的，否则那将不成句子，说话者没有能力说下去，而下面的听众也无法听明白。

众所周知，林肯与法官道格拉斯曾进行过一次辩论赛，当时所有的情况都表明林肯即将面临失败。对此，林肯自己也感到十分沮丧，一直以来如影随形的疾病折磨着自己，这让他的说话增添了一些感人的氛围。

最后一次辩说词中，林肯突然停顿了下来，他差不多站立了一分多钟，看着台下坐着的人——有些是朋友，还有一些是完全陌生的面孔。他那深陷下去的忧郁眼睛就像平时一样，似乎满含着快要流下的泪水。他将双手紧紧地握在一起，好像他们太疲劳了，已经没有力气来应付这场战争。然后，林肯以自己独特的声音说道："朋友们，不管是道格拉斯法官或我自己被选入美国参议院，都是无关紧要的，一点关系也没有。我们今天向你们提出的这个重大问题才是最重要的，远胜过任何个人的利益和任何人的政治前途，朋友们。"说到这里，他再次停了下来，台下的听众屏住了呼吸，唯恐漏掉了一个字，"即使在道格拉斯法官和我自己的那根可怜、脆弱、无用的舌头已经安息在坟墓中时，这个问题仍将继续存在、呼吸及燃烧。"

林肯在这段话语中的停顿有什么作用呢？我们似乎可以从他的传记中找到答案，一位曾替林肯写传记的作者写道："这些简单的话语，以及他当时的演说态度，深深地打动了每个人的心。"确实，适当的停顿，不仅能够让我们的嗓子暂时获得休息，还能够增强语言的表达力。

当然，说话时的停顿，是一种需要掌握好的技巧。恰当的停顿不但可以让说话层次分明，突出话语重心，吸引听众的注意力，还能够前后照应。有条理的说话才具有一定的说服力以及逻辑性，从而达到彻底征服听众的目的。如果缺乏应有的停顿，一直不停地说下去，就会让人有急促感，也表达不出说话者的感情和力度。

TED演讲箴言

那在实际说话中，我们该如何掌握停顿，从而让声音发挥出最好的素质呢？在这里，我们列举了以下几种最常见的停顿：

1.逻辑停顿

著名专家说：如果没有逻辑停顿的语言是文体不通，那么没有心理停

顿的语言是没有生命的。逻辑停顿是你根据一个句子中需要被强调的内容作出停顿，逻辑停顿是一种表达理智的需要。

2.特殊停顿

特殊停顿是为了加强某种特殊效果或应付某种需要所作的停顿。停顿的表现力主要有四个方面：变含糊为清晰；变平淡为突出；变平直为起伏；变松散为整齐。

有些排比句通过停顿变得更美，节奏更好，要声断而气不断、情不断。要重复强调的是，停顿不是中断，只是声音的消失，它绝对是气流与感情连起来的，有停就有连，而且某种激烈、紧张的情况下需要连接。

3.语法停顿

语法停顿又叫自然停顿，一个词中间是不能停顿的。另外，从语法上说，在中心语与附加语之间会有一个小小的停顿，一篇讲话稿中用标点符号表示的地方要停顿，不同的标点符号，停的时间长短不一样，它们停顿的时间是：句号（包括问号、感叹号）＞分号＞冒号＞逗号＞顿号；段落＞层次＞句子。

4.感情停顿

感情停顿又叫心理停顿，逻辑停顿为理智服务，感情停顿为感情服务，为表示一种微妙和复杂的心理感受而作的停顿。

字正腔圆，矫正厚重的音色

在很多公众场合，有时我们免不了作一些演讲，这就需要吐字正确清楚，语气得当，节奏自然；声音也要够洪亮，悦耳动听，铿锵有力；要富于变化，区分出轻重缓急，要随着演讲情感的变化而变化。除此之外，讲话的时候，有可能面对的是几十人，甚至上百人、上千人，所以你的声音要有一定的传达力和穿透力，要使在场的听众都能听得真切、听得明白。而很多讲话者在实际讲话场合的时候，会由于紧张或者其他什么原因，导致自己声音痉挛颤抖，飘忽不定；或者音节含糊，还夹杂着喘气的声息；或者声音忽高忽低，音响失度；或者朗诵腔调生硬呆板等。所有这些，都会影响听众对你讲话内容的理解。其实，之所以出现这样的现象，大部分是由于音色中厚重的成分导致发音不够清楚。

我们形容一个人发音准确，常常会用到"字正腔圆"这个词语。其实，声音最佳的素质大概也就是这样的效果。字正，是讲话的基本要求，要求读准字音，读音响亮，送音响亮。这就需要在讲话的时候符合声母、韵母、声调、音节、音变的标准，不要误读，另外还要避开音色中不利因素的影响。如果你讲话不清不楚，如蚊子的叫声一样，就会直接影响你的声誉和威信，降低听众对你的信任感。腔圆，就是说话的时候声音要圆润清亮，婉转甜美，富于音乐美。

小张有着浓厚鼻音，他说话的时候，听起来就好像是他的鼻子被人捂住一样，声音在里面出不来，嗡嗡地，让人实在听不清楚。以这样的声音，别说是在大庭广众之下演讲，就是单独面对面地说话，对方也需要竖起自己的耳朵、集中全部的精力才能听明白他到底说的什么。有时候，如果他说话速度有点快，听起来就更困难，甚至每一个字、每一个词语都需要仔细辨认。

何谓鼻音呢？其实它是厚重音色的一种。如果你用大拇指和食指捏住你的鼻子，然后发出"厄……哼……嗯"这三个音节，你的手指便会感到发音所引起的鼻部的点点颤动，这就是鼻音。有时候，如果你发音部位不准确，就会不小心发出鼻音来。用鼻音说话很容易给人装腔作势、扭扭捏

捏的感觉，这是一个损坏个人讲话形象的发音缺点。

有的人在讲话的时候，就像是嘴里含了一个东西一样含混不清，说出来的一句句话、一个个词、一个个字都像是粘在一块了，有时候整个字词都省掉了，这样的人讲话的时候嘴唇好像不大动。人们常常把这种咬字不清、发音低浊、语言含糊的说话者称为嗫嚅者。

此外，讲话需要的是浑厚、响亮的声音，而不是丝丝低语。你可以将自己的手指放在喉头上，以正常音量说一两句话，若完全没有颤动感，没有嗡嗡声，就是用低语讲话。

🎙 TED演讲箴言

那如何纠正厚重的音色呢?

1.鼻音的纠正

为了避免用鼻音讲话，你讲话的时候嘴巴要张开，上下齿间要保持半厘米的距离，而不要像两列玉米一样紧紧靠合在一起，那样不利于发出清晰的声音，这时候你要用胸部产生共鸣。

2.吐字清晰

在平时的生活中，可以花一点时间来大声阅读一段话或一些词语，注意要把嘴巴张开，使声带里发出字正腔圆的声音来，尽量把每一个字咬清楚，练习时间长了，就会有所好转。

3.改善低语的情况

有语言学家说，低语是声音的鬼魂，即丧失了大部分语调和共鸣的声音。如果用低语说话，就会经常把语句中整个音节省略，使人听起来昏昏欲睡。改善低语的情况，也就是讲话时尽可能打开自己的胸腔，产生共鸣的声音，有颤动感，声音就会变得洪亮。

第06章　修炼风格，言如其人显魅力

　　每个演讲者希望自己成为雷军、柴静、罗永浩、罗振宇、乔布斯，全世界最顶尖的演讲平台毫无疑问是TED。上千位著名的演讲者通过演讲展现个人风格，用极具影响力的内容、生动活泼的表达方式让听众如痴如醉。

谈话型，自然清新表达

　　为了使演讲取得良好的效果，除了掌握演讲语言上的基本要求外，还应该声情并茂，生动形象，情景交融，进而使演讲者的讲话水平得到充分的发挥。

　　那么，如何使你的演讲生动而形象呢？这就需要特别注意以下三个方面：

　　（1）如何使演讲的内容更具体：

　　言之有情。在演讲中，"情"是演讲得以成功的起点，也是沟通听众的桥梁。因此，演讲者在演讲过程中，语言要富有人情味、感染力，要以情感人、以情动人，这样就会拨动听众的心弦，调动听众的情绪。

　　言之有理。理是贯穿于演讲的整个过程之中的，演讲者在进行演讲活动的时候，语言要富有哲理，逻辑性要强，要深入浅出，言简意赅，给听众以启迪和深思。只有言之有理，才能让听众信服。

　　言之有物。在演讲时要有血有肉，并注重材料和观点的统一，注意理论与实际的结合，而不是高谈阔论，故弄玄虚。只有言之有物，才能使你的演讲更具体、更具说服力。

言之有新。演讲者是某些路线方针和政策的宣传者，因此在演讲中要有时代感、新鲜感，能够带来新的信息、新的知识和新的内容，以增强讲话的力度和吸引力。

（2）演讲过程戏剧性。演讲者要想使自己的演讲更具有形象性，就需要使你的演讲过程充满戏剧性。

在非洲有个传道的牧师，有一次，他给非洲热带的土著居民宣讲《圣经》时，人们都在聚精会神地听着，当他念到"你们的罪恶虽然是深红色，但也可以变得雪一样的白"这句话时，他一下子愣住了。这时牧师就想，这些常年生活在热带的土人，他们怎么会知道雪是什么样子和什么颜色的呢？而他们经常食用的椰子肉倒是很白的。我何不用椰子肉来比喻呢？

于是，机灵的牧师便将《圣经》改念成："你们的罪恶虽然是深红色的，但也可变得像椰子肉一样白。"

虽然"雪白"很形象，但"椰子肉的白"也很形象。而这位机灵的牧师只用了后者，却已经把这个信息有效地传给了当地人，这样就使他的讲话有了戏剧性的效果。

（3）在作演讲的时候，除了用自身的形象来影响听众以外，主要是通过语言的表达来沟通思想、交流感情。而很多演讲者都会有这样的体会：同样的一句话，有的人听了会不知所云，而有的人听了却会笑起来，这就是语言艺术的问题。

作演讲的第一目标是驾驭听众的注意力，要做到这一点，还有一项极为重要的技巧，那就是使用能形成图画般鲜明景象的词句，能够让听众听起来轻松愉快的讲演者，是最能塑造景象在听众眼前浮现的人。这个技巧却常常为人们所忽视，一般的讲演者，似乎并没有注意到它的重要性。如果你在演讲的时候使用那些模糊不清的、烦琐的、无颜无色的语言，只会让听众打瞌睡。

🎤 TED演讲箴言

要使你的演讲过程具有戏剧性，你可以从下面几个方面开始：

1.比喻

你在比喻某件事情、某件物品的时候，要使用形象性的语言，因为形象性的语言听众容易理解接受。

毛泽东的语言可以说是形象性语言的典范。他经常使用人们熟悉的形象。比如，他号召人民打倒帝国主义、封建主义、官僚资本主义时就说是推翻"三座大山"；在谴责蒋介石不抗日、却要抢占解放区的土地时，他就说蒋介石是"躲在峨眉山上，不栽树，不浇水，却要摘桃子"等。我们可以看出，形象性的语言确实寓意明晰浅显，听众更易于感受和理解。

2.善于辞令

这就需要演讲者在演讲中不仅使用常用的视觉和听觉性语言，还要善于不失时机、恰到好处地运用其他感觉形式的语言，如味觉、嗅觉和触觉性语言。比如，毛泽东把空话连篇、长而无味的"党八股"文章讽刺为"懒婆娘的裹脚布，又长又臭"，既有视觉传感，又有嗅觉传感，使听众对"党八股"文章增加了厌恶感。

3.巧用谐音

卡耐基认为，讲话时巧妙运用谐音法，在实际演讲中，可以化平淡为神奇，取得出人意料的戏剧性效果。当然谐音法有不同形式的用法：在特殊情况下，不愿明言指责，运用谐音法可达到委婉的效果；运用谐音法，可以对不便说明的丑恶现象和人物进行讽刺鞭笞；利用演讲中的某个字的

谐音关系，可委婉地表明自己对某件事情的态度……当然，谐音法是多种形式的，这就需要你在实际演讲中灵活地运用，方能达到好的效果。

4.颠倒词序

在演讲中，颠倒词序可以增强语意，使你的语言更加深刻，从而取得戏剧性的讲话效果。古今中外的许多名言格言，都是运用颠倒词序法，以增强语意的表达效果。如郭沫若说："活人读死书，可以把书读活；死书读活人，可以把人读死。"林肯说："你能在所有的时候欺骗某些人，也能在某些时候欺骗所有的人，但你不能在所有的时候欺骗所有的人。"事实上，在一定的情况下，采用颠倒词序的方法，能更好地表达演讲者需要表达的内容。而如果在演讲中重复几次谈一个话题、发表一个观点，虽然也有强调的作用，但是多半会因为没有新意而使听众厌烦。

使你的演讲过程充满戏剧性，有多种不同的方法。除了以上介绍的几种方法外，你还可以运用一些哲理性的语言、俗语等来使你的演讲极具戏剧性效果。

幽默型，言语风趣富于情感

演讲的风格，实质上最主要的就是风趣幽默、富于情感。一个演讲风趣幽默的演讲者，他的语言常常是富于情感的。幽默是最能表达其修养与涵养的方式，因此，古今中外，凡是讲话幽默与富有风趣的演讲者，无不受到大众的欢迎和爱戴。

幽默生动的语言可以更有效地传情达意，增进互相了解；演讲者以幽默坦然待人，可以使听众解除心理上的顾虑，缩短心理上的距离。这样一来，便能使听众畅所欲言，表露真情实感，从而令演讲者了解听众的愿望、动机和目的。

有一次，孙中山在广东大学作关于民族主义的演讲。礼堂非常小，听众很多，天气闷热，很多人都无精打采。孙中山便穿插了一个故事：

那年我在香港读书时，看见许多苦力聚在一起谈话，听的人哈哈大笑。我觉得奇怪，便走上前去。有一个苦力说："后生哥，读书好了，知道我们的事对你没什么帮助。"又一个告诉我："我们当中一个行家，牢牢记住那马票上面的号码，把它藏在日常用来挑东西的竹杠里。等到开奖，竟真的中了头奖，他欢喜万分，以为领奖后可以买洋房、做生意，这一生再也不用这根挑东西的杠子过活了，一激动就把竹杠狠狠地扔到大海里。不消说，连那张马票也一起丢了。因为钱没有到手先丢了竹杠，结果是空欢喜一场。"

孙中山风趣的话，引来台下一片笑声。孙中山接着回到本题："对于我们大多数人，民族主义就是这根竹杠，千万不能丢啊！"

孙中山先生这个充满幽默感的故事不仅让昏昏欲睡的人们清醒过来，也使得自己的演讲取得了良好的效果。

🎤 TED演讲箴言

1.形成基础和条件

要演讲风趣幽默，富于情感，需要演讲者本身具备一些基础和条件。只有具备了这些基础和条件，才能使你的演讲充满了风趣幽默和真情实感。

2.获取幽默语言的途径

演讲者需要充分显示自己的幽默感。一句得体俏皮的话，能让你立即缩短和听众之间的距离，并获得好感；几句对付难题的机智回答，能让自

己摆脱困境，并体现美好的自我形象，获得听众的同情和赞美。可是，在演讲过程中，并不是每一句话都需要幽默，也不是随便的一句俏皮话就可以被称为幽默。幽默的语言不仅需要风趣，更需要得体，这样才能更好地表达幽默的效果，更真实地表达情感。

那么，如何去获取那些幽默的语言呢？

（1）用趣味思维方式捕捉生活中的喜剧因素。

"趣味思维"就是一种"错位思维"，换句话说，就是不按照普通人的思路去思考，而是岔到有趣的一面去。领导者在生活中，要善于使用这样的思维方式去捕捉一些喜剧因素，平时的逐渐积累，会在你演讲的时候派上用场。

（2）瞬息构思，掌握必要技巧。

幽默风趣是一种"快语艺术"，它突破了惯性思维，遵循的是反常原则。在实际演讲中，必须要想得快、说得快，触景即发、涉事成趣，出人意料之外，又在情理之中，使听众在欢笑中易于接受。

（3）灵活运用修辞手法。

在演讲过程中，要灵活运用极度的夸张、反常的妙喻、顺拈的借代、含蓄的反语，以及对比、拟人、移就、拈连、对偶等一些修辞手法，这样才能使你的语言产生幽默风趣的效果。

（4）搜集素材。

我们的日常生活丰富多彩，提供了许多有趣的素材，这些素材会无意识地进入我们的记忆仓库中。我们在生活中，要做个有心人，随时搜集来自生活中的有趣素材，这样就会使自己的语言材料丰富起来。

3.需要注意的问题

在运用幽默时，还应注意以下几方面问题：

（1）看场合。

大部分演讲中，幽默都是可以用的，但有些场合下，比如，有重大灾难时，出现严重问题时，讨论严肃问题的演讲中，幽默还是少用为好，否则会让人觉得轻浮。不同的听众所能接受的幽默方式与内容也是不同的，幽默要有针对性。

（2）别牵强。

幽默要真正实现效果，最好是自然而然地流露，而不能勉为其难地去逗人笑。幽默是在广泛的社会经验与深厚的知识素养基础上自然的风度表现，是不能强求的。

（3）无恶意。

幽默是为了增强亲切、热烈的交谈气氛的，是为了让他人高兴的，如果用歧视性语言来达到幽默效果，反而会让人感觉受到了伤害。

（4）讲文明。

幽默是高雅的，忌用粗俗语言。幽默是体现风度与修养的，是高雅的语言艺术。如果用一些粗鄙流俗的语言来作为幽默材料，不但不能取得幽默诙谐的效果，反而会让人觉得庸俗不堪。

绚丽型，引经据典满堂彩

一位善于讲话的演讲者，肯定是个善于旁征博引的人，他在演讲中，会经常引用一些事例、典故，或者穿插一些历史知识、名言警句。通过引用，他讲出来的话形成一种博古通今的气势，增强了感染力。

演讲者在演讲中，要善于引用一些熟语、典故来证明事物、阐述道理。

善于引用，可以增强说服力和感染力，使语言表达言之有据、生动形象。

🎤 TED演讲箴言

1.引用事例

有些道理，如果纯粹从理论上来说明，用口号来呼吁，会显得很困难，而且会让人感觉枯燥无味。但如果通过举一些事例来解释和说明，则既能有效地阐述观点、说明道理，让听众信服；又能让讲话内容充实、形式活泼，让听众感兴趣。

引用事例，主要是现实生活中的事例，也包括一些名人的事例。你可以在确定了主题、简单明确地说出观点之后，再选择能够支持观点的事例来展开论证。但是，在演讲中引用事例，需注意以下几点：

（1）准确具体。

你所引用的事例应该是具体的，应该有时间、地点、人物及部分细节描写。这样，可以让听众有如身临其境，去经历、去感受、去思考，从中受到启发和教育；如果事例失实或本身就很难理解，听众就会对讲话产生怀疑或失去兴趣，影响演讲效果。另外，不能引用自己都不清楚、不完全了解的事例；更不能断章取义，为了拼凑事例而将一些完整的事件切割开来。

（2）新颖生动。

生动才能吸引人，我们所引的事例应该新颖生动，是离人们的生活很近的事，以使听众对材料感兴趣。

（3）侧重引用身边的事例。

你所举事例应侧重于普通人普通事，伟大的人、伟大的事固然感人，但这毕竟与普通人的生活离得较远，引用过多则难以引起大家的兴趣。如果举些凡人凡事，用群众身边人、身边事教育群众，对听众更有说服力，效果会更好。

（4）避免老生常谈。

有些事例几乎已经成了论证某些观点的套话，比如，谈到身残志坚就说张海迪，谈到助人为乐就说雷锋，谈到秉公执法就讲包拯。这类事例虽然不错，但不能每次必讲，用得太多太滥，反倒可能达不到论证效果。

2.引用典故

中华民族历史悠久，留下了光辉灿烂的文化，其中的历史、文学、寓言、成语、故事、传说等典故数不胜数。这些典故或优美感人，或朴实动听，或言微旨远，能给人以无限遐想，给人启迪，发人深思。典故的说服力是无穷的，因为它们都是千百年来历史证明了的事实，比如，要说明"兼听则明"的道理，还有什么比引用唐太宗从谏如流、唐高祖广纳众议的典故更具说服力呢？

在过去，我国士大夫在著书立说、闲谈交往中，如果不引经据典，就会被人瞧不起，可见典故的重要性。典故以其特有的生动性、趣味性和深刻性，对于论证观点、说明道理、吸引听众有着不可替代的作用。

3.引用名言警句

古今中外的名人名言，有着较强的说服力。这些名言名句，或是他们生活经验的总结，或是他们智慧灵感的闪现，往往富有哲理，发人深思。在讲话中引用名言名句，无论是对于增强说服力，还是对于增加讲话的感染力，都是很有帮助的。

引用名言警句，一般应注意以下几点：

（1）尽量引用原文。

比如，引用奥斯特洛夫斯基的名言："人最宝贵的是生命，这生命属

于每个人只有一次。人的一生应当这样度过：当他回首往事的时候，不因虚度年华而悔恨，也不因碌碌无为而羞愧。这样，在临死的时候，他就能够说，我的整个生命和全部精力都献给了世界上最壮丽的事业——为人类的自由和解放而斗争。"以此来谈人生意义，说理性很强。

（2）善于用自己的话陈述。

有的名言警句包含的意义比较多，这时候，你就要善于用自己的话来对这些名言进行陈述。如某领导在讲话的时候这样说道：

获得群众的信任，主要靠平时认认真真、仔仔细细地做好群众工作。苏东坡在他的《晁错论》中有一段话："天下之患，最不可为者，名为治平无事，而其实有不测之忧。坐观其变而不为之所，则恐至于不可救。"联系到群众工作，也可以这样来解读这句话：太平没事的时候，你也许可以不管群众；但一旦有事，你就不可救了。

这样用自己的话来陈述，可以令自己更容易掌握讲话的内容，也使听众更易于明白。

（3）改造要适当。

在有些语境下，适当地改变名言名句中的某些字，可以达到特殊的语言效果。比如，毛泽东批评一些干部为评级而闹情绪，说："男儿有泪不轻弹，只因未到评级时。"宋楚瑜在某年大陆之行时，也套用了美国过去一位总统肯尼迪所说的一句话：不要光看我在大陆说了什么，要看我们在台湾做了什么。

（4）准确无误。

千万不能把名言名句念错了，那样非但不能增添语言色彩，反而会闹笑话。引用名言名句还应与话语的情境相协调，引用最能说明问题的名言名句，并且要适可而止，不能滥用。

4.引用数字

权威性的数据具有较强的说服力，对那些科学性或知识性论点，你要尽可能用权威性数据来论述。这里的关键就是"权威性"，它主要包括国家机关公布的信息、专家的论断、权威新闻媒体的报道、有影响的社会团体公布的正式材料等。一般来说，这些数据可信度高，权威性强，基本不需要再经证明就可以用来进行论证，具有无可辩驳的说服力，以之为论据是非常有力的。

激昂型，适度夸张显张力

适度地夸张能使人或事物的形象或特征更加突出，给人的感觉更加强烈，从而使人受到话语的感染而投入更多的注意力。演讲的时候，为了表达需要，可以在尊重客观事实的基础上故意言过其实，夸大或缩小一些人或事物的某方面特征，以形成强烈的对比效果。

当你读到李白"飞流直下三千尺，疑是银河落九天"的诗句时，你就不能不用心去体会庐山瀑布那从天而降、磅礴的气势，由于夸张手法的运用，让这瀑布的美震撼人心。

适度的夸张是在某些方面"言过其实"，但是又需要有真实来作为基础，这样才有利于突出事物的特殊性，进而唤起听众的想象，突出个性形象。

有三个人在一起谈论如何节约，其中一个说："我认识一个人，为了节约墨水，无论写什么，字都像芝麻粒儿一样大小。"

第二个说："我认识一个人，为了减少手表的磨损，天一黑，就把手

表给停了。"

第三个说："你们说的都一般，我认识一位老先生，为了节约眼镜，连报纸都不看了。"

为了节约眼镜连报纸都不看了，这就不能不是夸张了。我们听了这样的话，就可以想象出这位老先生去做其他的事情的时候该是何等地节约。

在讲话中合理地运用夸张技巧，便于揭示事物的本质，可以加强说话的感染力，还能够启发听者的想象力。但是在运用夸张的时候，要注意必须以现实生活为基础，不能漫无边际，而应做到"言过其实"但又"合情合理"，不似真实而又胜似真实。

有个人才30多岁，可是头上已经一根头发也没有了。

一天，他来到一家生发水专卖店，让营业员给他推荐一种生发水。

营业员拿出一瓶生发水，对他说："这是我们刚刚进口的，一天卖好几瓶呢！"

他拿过来，边看边问道："效果怎么样？"

营业员说："这样跟你说吧！前几天，有个妇女来买生发水，我给她推荐了这种。她没法打开瓶盖，就用嘴咬，不小心液体沾到了嘴上。三天过后，你猜怎么着？她居然长出了满嘴胡子。"

营业员显然夸大了事实，但确实收到了宣传产品的效果，可见她的聪明和幽默。夸张是为了强调事物的某种特征而故意言过其实，或者夸大事实，或缩小事实，让听者对所表达的内容有一个更深刻的认识和理解。

某领导在就职演说中有这样几句话：深圳最大的贡献和成就，也不仅是25年来由一个边陲小镇建成了一座现代化的大都市，创造了"一夜城"的世界城市发展奇迹，尽管这也是很不一般的成就。把高速发展的深圳比作"一夜城"，形象生动，虽然作了夸张，但取其建设速度快这个特点，较为得体，效果很好。

在运用夸张手法的时候，必须以客观实际为基础，在不失去真实感的前提下进行夸大或缩小，绝不能无中生有，信口开河，把事物过分夸大或缩小。

TED演讲箴言

夸张需结合特定的目的与场合而用：如果是在一些较为严肃的场合，就不宜用夸张的语句；如果是在随意的场合，就可以灵活地运用夸张手法，以活跃气氛，增加谈话的趣味。

深沉型，气势如虹引人入胜

演讲者演讲要引人入胜，必须有气势，让听众感受到语言的压力，感受到力量。运用排比是最能提升语言气势的，可以让话语整齐明朗，富于节奏感，让听众感受到一种气势如虹、滔滔不绝的语气力量，给听众形成强烈的震撼力，使语气气势强劲，情感得到升华，形成强烈的表达效果。

排比这种修辞手法一般是由三个或三个以上结构相同或相似、内容密切关联、语气一致的词组或语句排列而成，用来表达同一范围、同一性质的事物，以增强语势，增强节奏感和旋律美，加强语言的力度。

马丁·路德·金在1968年8月28日在美国华盛顿黑人集会上发表了一场精彩的演讲，其中他这样讲道：

然而，一百年后的今天，我们不得不面对黑人依然没有自由这一可悲的事实；

一百年后的今天，黑人的生活依然悲惨地套着种族隔离和歧视的枷锁；

一百年后的今天，在物质富裕的汪洋大海中，黑人依然生活在贫乏的孤岛之上；

一百年后的今天，黑人依然在美国社会的阴暗角落里艰难挣扎，在自己的国土上受到放逐。

这里用了排比句，从黑人没有自由，到受着种族隔离和歧视，再到过着贫乏的生活乃至受虐待、遭放逐，集中揭露了黑人悲惨的生活现状，给人以心灵的震撼；既把演讲者的思想和感情展现得淋漓尽致，又极大地感染了听众。

罗斯福在日本偷袭珍珠港后，向国会发表了演讲。他说：

"昨天，日本对夏威夷群岛的进攻，给美国海军造成了严重损害……"

"昨天，日本政府发动了对马来西亚的进攻。"

"昨天，日本军队攻入了香港。"

"昨天，日本军队攻陷了关岛。"

"昨天，日本军队登陆菲律宾群岛。"

"昨天，日本进攻了威克岛。"

"昨天，日本人进攻了中途岛。"

这里用排比的手法，将日本军队的所作所为慢慢道来，直接阐述了日本军国主义势力的猖狂，使听众认识到美国现在所面临的危险。这样恢宏气势的讲话，激发了大家同仇敌忾的勇气，鼓舞了大家战斗的决心与信心。

这一番排比句，不仅加重了语气，更让听众的心气儿为之不断提高，最终上升为愤怒，是非常有感染力的。如果演讲者在讲话中灵活巧妙地运用排比，就可以增强语势和感情色彩，给人以强烈的震撼。当然，排比句的运用，也不是多多益善的，需要注意场合与语境。

TED演讲箴言

这里需要注意：

（1）从实际需要出发，根据可能条件恰当运用。不能为追求形式美而增加内容，勉强地去凑排比句。

宿迁某书记的讲话：

正是在这个时期，宿迁的行政区划进行了重大调整，1996年7月，经国务院批准，组建了地级宿迁市，开启了宿迁发展的新阶段；

正是在这个时期，宿迁实现了两大奋斗目标，1997年实现以乡镇为单位脱贫，2000年实现以县为单位基本达小康；

正是在这个时期，宿迁城乡面貌发生了巨大变化，基础设施建设取得重大突破，城市化、城镇化迈出重要步伐，发展的条件、投资的环境有了明显改观；

也正是在这个时期，党的建设、民主法制建设和精神文明建设以及科技、教育、文化、卫生等社会事业，都提高到新的水平。

这里运用四个"正是在这个时期"，对宿迁发展中几个方面的大事进行高度概括，恰到好处，十分得体。但如果要再增加一些，就会适得其反了。

（2）排比应根据形式灵活选择，无论是词的排比、句的排比，还是段的排比，都是灵活运用的形式。排比中每一部分都应该是平等独立、互不包含的。而在顺序上，最好能够由轻到重排列，层层深入，以达到气贯如虹的效果。

（3）掌握排比句使用的度，适可而止，不能盲目使用，有时候多了反而会影响到语言表达的效果。

潇洒型，一语胜千言

比喻，就是打比方，即以彼物比此物。在说明一个事物时，不是直接去说，而是通过描述或说明另一个事物来达到目的。用人们比较熟悉的东西来描述、解释人们不熟悉的东西，可以减少理解的障碍。

有人问爱因斯坦，究竟什么是相对论。这是一个非常深奥的理论问题，如果用科学术语来解释，必定冗长晦涩，让人难以理解。爱因斯坦是如何解释的呢？"你同你最亲爱的人坐在炉子边，一个钟头过去了，你觉得好像只过了五分钟；而如果你一个人孤单地坐在热气逼人的火炉边，只过了五分钟，你却像坐了一个小时。这就是相对论。"

爱因斯坦对相对论的解释，不仅能让人理解相对论的内涵，更让人觉得风趣可爱。比喻一般由本体、喻体和喻词三部分组成。本体是被比喻的事物；喻体是用来做比的事物或对象；喻词则是标明比喻关系的词语，如"好像""恰似""像……一样"等。如陕西某领导说："从地图上看，陕西区域就像一个跪着的'兵马俑'。在新的历史时期，我们要进一步激活它，让它跑起来。"这里，陕西区域就是本体，而"兵马俑"就是喻体，"像"就是喻词。

深圳某领导在会议上讲道：

革命事业就像接力赛，一棒接一棒。作为后人，把前人创造的宝贵财富传承下去，是我们这些后人义不容辞的职责，是为政为人的必备之德。

……

接力棒传到我们手中了，再也不能把这些历史遗留问题往后推了，不解决这些问题，深圳就没有办法继续发展下去。为了党和人民的事业，为了深圳的未来，我们要不惜做"孤臣"，敢于做"诤臣"。

演讲是为了阐述道理，要把那些生硬、枯燥的理论表述得生动具体，使听众印象深刻，这本来就是一件很难的事情。但如果能运用贴切的比喻，就能化难为易，几句简单的话就能说明深刻的道理，极具说服力。

高深的理论，只因为巧用人的感受作比喻，所以仅用简单几句话就能说明白了。巧妙运用比喻，能给语言涂上一层绚丽色彩，增强讲话的形象性、生动性和感染性，让语言更加精彩。

🎤 TED演讲箴言

用好比喻需要注意以下几个问题：

1.两者相近

比喻的本体和喻体必须是完全不同、但又在某方面有极相似之处的两种事物。属性相同的事物，很难激发人们的联想，这样就没有比喻的意义；而没有相似之处的事物，根本不具有可比性，也不能用来比喻。

2.通俗易懂

在选择喻体的时候，一定要选择那些浅显、生动具体，并且与听众的生活非常贴近的事物，只有这样才能让人更容易理解和接受。

3.形神兼备

拿来对比的两个事物不仅要有外表的共同点，还必须有内在特质与神情上的相似点，这样才能揭示事物的精神实质。

4.自然贴切

比喻可以为语言增加色彩，但并不是说比喻越多越好，不能为了比喻而比喻。不能出于猎奇而矫揉造作、故弄玄虚；比喻还应该有创造性、新颖性，不能老用那些已经为人熟知的比喻；而那些不自然的比喻，不能为讲话添彩，反而会让听众反感。

第07章　态势语言，无声胜有声

心理学家有一个有趣的公式：一条信息的表达=7%的语言+38%的声音+55%的肢体动作。事实证明，人们获得的信息大部分来自视觉印象，而视觉信息55%来自肢体语言。TED演讲大师认为，良好的肢体语言不仅可以吸引听众目光，还可以强化自己的气场。

常用手势，让演讲更具说服力

早在两千年前就有一位古罗马的政治家、雄辩家说过："一切心理活动都伴随着指手画脚等动作。双目传神的面部表情尤其丰富，手势恰如人体的一种语言，这种语言甚至连最野蛮的人都能理解。"演讲时，我们经常使用手势语言。手势是体态语言的主要形式，使用频率最高，而寓意深刻、优美得体的手势动作，常常能产生极大的魅力，激发听众的热情，加深听众对说话内容的理解，促成说话的成功。

手势动作只有在与口语表达密切配合时，其所表达出来的意义才是最生动形象的。随着说话的内容、自身的情感以及现时的状态，说话者的手势会自然而然地表现出来。不仅如此，手势还应该与有声语言、面部表情、身体姿态紧密配合，保持一致，千万不能硬生生地刻意摆弄手势。假如在说话时手势泛滥，会让听众眼花缭乱，颇有哗众取宠之嫌。当然，如果你说话时完全不使用手势，只是把双手摆在固定的位置，那无疑显得呆板、缺乏活力。

在这里，我们列举颇具林肯式特色的抒情手势。

赫恩登是林肯的老朋友，他曾说："林肯对于听众恳切地说话时，那瘦长的右手自然地充满强大的力量，一切思想情绪完全融入其中。为了表现欢乐的情绪，他会把两手臂举成五十度的角，手掌向上，好像已经抓住了那渴望已久的喜悦；而说到痛心的时候，如在痛斥奴隶制的时候，他便会紧握双拳，在空中用力地挥动。"

林肯所使用的抒情式的手势，是一种抽象感情很强的手势，在说话中使用的频率很高。依据手的不同形状以及活动部位，手势动作还可以分为手指动作、手掌动作以及握拳的动作。对于这些手势我们需要细心辨认以及掌握，因为它们具有多种复杂的意义。

说话的手势千变万化，没有一个固定的模式。要想成为一个出色说话者，平时要认真观察生活，刻苦训练，并且付诸于实践。在这里，我们可以列举一些常见的手势：拇指式，竖起大拇指，其余四指自然弯曲，表示强大、肯定、赞美、第一等意思；手切式，五指并拢，手掌挺直，表示果断、坚决、排除之意；手包式，五指相夹相触，指尖向上，用于强调主题和重点，也表示探讨之意；食指式，食指伸出，其余四指弯曲并拢；食指、中指并用式，食指、中指伸直分开，其余三指弯曲，前英国首相丘吉尔就经常使用这样的手势。当然，诸如此类的手势还有很多很多，在这里我们就不一一列举了。

随着部位、幅度、方向、缓急、形状、角度等的不同，手势所表达的思想含义以及感情色彩也会有所不同。在实际演讲中，我们不应该拘泥于某种固定的模式，而应依据说话内容的需要，灵活地运动不同的手势。

🎤 TED演讲箴言

演讲，自然而安稳的手势，可以帮助说话者平静地说明问题；急剧而有力的手势，可以帮助说话者升华感情；含蓄的手势，可以帮助说话者表达内心的想法。如下是运用手势的几个原则：

1.表达感情的手势

随着感情的变化，手势也发生明显的变化，也就是我们上面所说的林肯式的手势。这是一种抽象感情很强的手势，在演讲中运用频率最高。比如，兴奋时拍手称快，恼怒时挥舞拳头，急躁时双手相搓，果断时猛力砍下。

2.惯用手势

任何一个人在讲话的时候，都有一些只有他自己才有而别人没有的惯用手势，手势的含义不明确、不固定，随着说话内容的不同而体现不同的含义。比如，列宁说话喜欢挥动右手用力一斩，而孙中山先生说话时常常拄着手杖，形成了他独特的形象。当然，说话手势须自然、协调、精简、富于变化、前后统一。

3.模拟手势

模拟手势的特点是"求神似，不求形似"，因此有一定的夸张色彩。即在说话过程中，说到某件事情中的某件物品时，用手势把此物模拟出来，这样的手势信息含量很大，能够升华感情。

4.指示性手势

指示手势是用来指示具体真实形象的手势，分为实指和虚指两大类。实指是说话者的手势确指，它所指的人或事或方向均是在场的人视线所及的；虚指是指说话者和听众不能看到的。指示手势比较简单，不带感情色彩，比较容易做。

演讲站姿，展现第一印象

演讲，通常是演讲者将有声语言与非有声语言全面地展现出来，因此说话者一般使用的是站姿，而在他前后没有任何的依靠性物体，那么，是选择自然的站姿还是挺拔的站姿呢？这两者需要互相结合，形成最佳的站姿。最佳的说话姿势无疑是站姿，这是因为站着可以全面展示说话者的口语表达、肢体语言以及体态语言。

我们可以看看，无论是年轻气盛的奥巴马，还是温文尔雅的布朗，还是联合国秘书长，乃至奥运会主席，他们在公开场合说话都是站着进行的。当然，也有少数的公开说话是坐着进行的，如政治演讲、法律演讲、集会演讲等。

演讲者应该把握好自己最佳的站姿，这无论是对于说话者本身还是台下的听众，都是很重要的。站着的时候，你的呼吸、气息都处于最自然的准备状态，有利于你最大限度地展现自己的声音素质；而对于听众来说，则可以更直观地瞻仰你的翩翩风度以及高雅的仪态。另外，站着说话还有很多有利的地方：精神焕发，朝气蓬勃，可以表现出说话者极大的热情，同时这也是对听众的高度负责；有利于体态语言的表达，服饰打扮的展现；能够促使你减少说话的时间，因为站得时间太长你自己也不舒服。

这是王帅第一次进行面试的时候，只见他：穿着很随便的破旧衬衫，由于天气炎热还挽起了裤腿，露出半截小腿在外面。站立时背靠着墙壁，好像几天没吃饭似的，双手交叉放在背后，卷曲着身子，眼睛看着地上，似乎地上有什么宝贝似的。在回答面试官问题的时候，他时而望望天花板，时而看看地面，整个人给人印象就是无精打采，根本不在状态。

当然，王帅的这次面试失败了。

俗话说："站有站相。"案例中王帅的站姿可谓相当糟糕，他面试失败的结果也早在我们预料之中。其实面试也算是公开说话，与所有公开说话一样，我们应该把握好站立的姿态，从而给听众留下较好的外在印象。

有时一些篇幅较长的政治演讲、辩论演讲会采用坐式。在这里，我们略微提及一些坐式方面的要求：使用坐式要文雅、大方。落座时要轻盈、和缓，切忌急急忙忙，人未站稳就重重地将屁股落在椅子上；落座后要保持上身正直、头平稳，千万不要歪斜肩膀、半躺半坐或两手交叉在胸前等；两腿要微曲并拢，两脚并起或稍前后分开，不要跷二郎腿，勾着脚。

高尔基在赞扬列宁的演讲时说："他的演讲和谐、完整、明快、强劲，他站在讲台上的整个形象——简直就是一件古典艺术品，什么都有，然而没有丝毫多余，没有任何装饰。"

那怎么样的站姿才算是最恰当的姿势呢？一般来说，应该有以下几点：挺胸，收腹，精神焕发，气下沉；两肩放松，重心主要支撑于脚掌脚弓上；颈椎、后背挺直，胸略微向前倾；绷直双腿，稳定重心位置。

🎤 TED演讲箴言

当然，不同的人的站立姿态也不一样，下面我们就列举几种常见的站姿：

1.自然站姿

两脚自然分开，平行相距与肩同宽，约20厘米为宜。这是比较正规、也是最简单的一种站姿。

2.稍息站姿

稍息式的主要方式是一脚自然站立，另一只脚向前迈出半步，两脚跟相距12厘米左右，两脚之间形成75°夹角。使用这种姿势，显出比较单一

的形象，重心总是落在后脚上，一般适应长时间站着说话中的短期更换姿势，使身体在短时间里松弛，得到休息。由于这种姿势给人一种不严肃之感，所以一般不建议长时间单独使用它。

3.前进站姿

前进式是公开说话用得最多、使用最灵活的一种站姿。它的主要姿势是右脚在前，左脚在后，前脚脚尖指向正前方或稍向外侧斜，两脚延长线的夹角在45°左右，脚跟距离在15厘米左右。

这种姿势没有固定重心，所以说话者可以随着上身前倾与后移的变化而分别定在前脚跟与后脚上，不会因时间长身体无变化而不美观。前进式能使手势动作灵活多变，由于上身可前可后、可左可右，还可转动，这样能保证手做出不同的姿势，表达出不同的感情。

表情自然，举止大方

《左传》曰："人心之不同，如其面焉。"表情神色也就是我们常说的面部表情，一个人的内心活动、想说什么，是可以通过脸色来表达的。听众若是想知道你心里在想什么，也是可以通过你的表情神色察出端倪的。对于演讲，对说话者面部表情的要求则是自然真切，不要表露太夸张的表情神色，否则就是着意的表演，是让听众生厌的行为。

当然，我们运用面部表情时需要真实自然，你的喜怒哀乐都需要随着说话内容以及思想感情的发展而自然流露。千万不能"逢场作戏"，过分夸张，甚至矫揉造作，这样只会让听众觉得你虚伪滑稽。当然，表情神色不能太夸张，并不意味着你不能使用表情，带着一张面无表情的脸就走上讲台，如此冷若冰霜，只会让人感到枯燥压抑。

美国著名教育家卡耐基在谈到罗斯福演讲时，他这样说道："他全身好像一架表现感情的机器，他满脸都是动人的感情，这使他的演讲更有力、更勇敢、更活跃。"在说话时，微笑与平和是脸部表情的核心，运用脸部表情时要适时、适事、适情、适度，切忌呆滞麻木、情不由衷、晦涩不明与矫揉造作。

普通话课上，老师为了让同学们学习"演讲时的自然的神态"，特意找了两个同学发表即兴演讲。

第一个同学是小李，他平时是一位擅长搞笑的人物，总时不时地给同学们带来一些故事或者笑话。现在被老师点名了，小李觉得展现自己才艺的时刻又到了，他绘声绘色地讲了一个笑话，但或许是笑话本身太好笑，也或许是小李自己在作戏，他说着说着自己也忍不住笑了起来，实在忍不住了，他竟然不顾现场的老师和同学，趴在了桌子上大笑，而其他那些同学因为没听清楚小李到底说的什么，面面相觑。

第二个上台演讲的是小张，他是一位相当木讷的男生，平时就不苟言笑，曾经有人讲了一个很搞笑的笑话给他听，他只是略微牵动了一下嘴角。对于老师的点名，小张有些紧张，他结结巴巴地讲了自己的理想，但整个过程就好像白开水一样平淡，没笑容，没手势，面无表情，就好像在讲述别人的故事一般。

案例中的两个同学无疑是两个极端的例子，一个表情太夸张，一个表情太木讷。而这两种现象都是我们需要避免的，我们应依据自己所说的内容，自然真切地流露出自然表情来。说话者在说话时的面部表情与口语表达要协调一致，如此才能准确地反映自己内心的思想感情，换句话说，面部表情和有声语言的表情达意应该同步进行。当然，为了有效传递信息，

交流感情，要尽量避免使用消极的表情，它们会在听众中产生不良影响，形成离心效应。

人的面部表情十分丰富，许多细微复杂的情感都可以通过面部表情来表达，面部表情还能辅助口语增强表达效果。说话者要善于观察面部表情的各种细微差别，而且要善于灵活地驾驭自己的面部表情，让面部表情可以更有效地辅助以及强化口语表达。

TED演讲箴言

在使用面部表情时，我们需要注意以下几个问题：

1.面带微笑

曾在世界上规模最大的学府——美国哈佛大学担任校长三十年之久的叶洛特博士说："微笑是人际交往成功的催化剂。"微笑是自信的标志、礼貌的象征、涵养的外化、情感的体现。在演讲中，微笑可以象征性格开朗与温和，可以建立融洽气氛，消除听众抵触情绪，可激发感情，缓解矛盾。

2.切忌使用消极的面部表情

在说话时，说话者的面部表情以及神态往往对听众的情绪有着很大的影响，不要使用这样一些消极的面部表情：傲慢的表情，这会伤害到听众的自尊心；慌忙的表情，这会让听众无法信任于你；无所谓的表情，这会给听众一种消极的感觉；冷漠的表情，这会让听众感到不亲切；卑屈的表情，这会让听众低估你的能力。

3.用你的表情及神色调节气氛

真切自然的面部表情可以为有效沟通提供一种渠道，所以，千万不要让当众说话带来的紧张压力把你的脸变成一张面无表情的扑克脸。通常面部表情的变化会先于和预报气氛或心情的转换。当你说到"但更为严重的是……"时，你可以采用一种更为高明的过渡，那就是：用一副忧心忡忡的皱眉蹙额的表情取代原本欢欣愉快的面容。

只需一个小动作，修炼成演讲大师

演讲，由于自身或者内心胆怯的因素，不可避免地会出现一些小动作，诸如抖腿、频繁地眨眼睛舔嘴唇、身体重心迁移、多次扭动双脚、用手遮住嘴巴、用手摸鼻子、抓头发或摸耳朵、将手指放在两唇之间等，这些小动作有些是对我们有利的，有一些却是对我们很不利的。因此，我们可以毫不夸张地说，那些看似不经意的小动作会大大地影响演讲的效果。

面试那天，小王破天荒地睡过了头，起来的时候已经九点半了。他急忙洗漱，整理面试资料，等赶到公司已经是十点半了。他刚气喘吁吁地坐下，经理就走了进来，没说两句，公司副总也走了过来，想看看这里的面试情况。

顿时，小王的紧张一下子就到了顶点，在介绍自己工作经验时不自觉地摸了摸自己的鼻子，尽管他并没有感冒，也没觉得自己鼻子有多痒。副总脸上露出了不耐烦的表情，小王心更慌乱了，本来自己昨天还做了准备工作的，可是，一紧张什么都忘记了。一会儿，副总就出去了，剩下的面试官问了几个无关痛痒的问题，就匆匆结束了面试。小王明白，这次的面试完全让自己搞砸了。

面试就相当于一次当众说话，遗憾的是，一个人在说话时摸鼻子，通常给人的第一印象就是不太自信，小王正是因为这个小小的动作而失去了

一份好的工作。足以见得，那看似很细小的动作大大地影响了当众说话的结果，因为这个看似细小的作用恰恰反映了小王不自信的心理。如果小王手心向上，两手向前伸出放在腿上，手的位置基本上与腹部等高，这样的姿势就会给面试官一种坦诚的感觉，并使对方觉得你充满着热情与自信的感觉。

在演讲过程中，不同的小动作代表着不同的意义：比如，一个人在紧张时，通常会出现抖腿、频繁地眨眼睛、身体重心转移、多次扭动双脚等动作；若是用手遮住自己的嘴巴，则表示其比较内向，有可能他无法向人说出内心的秘密；若说话时不断地触碰自己的鼻子，那表示他极有可能在撒谎；若说话时用手触摸自己的眼睛，那表示他可能有点疲惫了，或者是想发表自己的意见。

当然，演讲也有一些禁忌的小动作，因为这些小动作将会导致你说话失败，诸如拍桌子、拍胸脯、拿桌子上的东西、反复用手摸自己的头发、拳头对准听众、双手插入口袋、双手交叉在胸前、手指向听众指指点点、背手、双手乱动或摇晃、挠痒痒、抠鼻子、揉眼睛、抓耳挠腮、双手插腰、摆弄衣角纽扣、乱动话筒等。

所谓"群众的眼睛是雪亮的"，即便是一个很小的动作，也有几双甚至上千双眼睛盯着你，这时，小动作就会被无限地扩大，听众都在猜测你的小动作所透露出来的意义：紧张，或者说谎，或者个人习惯等。

🎤 TED演讲箴言

除了上面所说的这些以外，我们还需要注意以下几个问题：

1.不要随意地使用没有逻辑基础的动作

有的人一句话就一个小动作，而且摆弄不停，十分夸张。在说话者看来，自己如此指指点点、比画比画就能够吸引听众的注意力。孰料，恰恰相反，这会让听众只顾着"欣赏"你那些不良的习惯，而且让他们感觉到眼花缭乱，以至对你说话产生一种厌烦的情绪。

有的人在说话时手舞足蹈，动作滑稽可笑，起初可能会逗得听众哈哈大笑，气氛十分活跃，但过不了多久就会失去这样的效果。听众非但不会笑，反而会露出一种不屑一顾的神情，甚至会模仿你的小动作。

2.多一些微笑

微笑也算是一种小动作，但这种动作会大大地增强你的说话效果。微笑是一种良性的脸部表情，可以反映出一个人的内心世界。在说话时，如果你能保持面带微笑，那这次当众说话你无疑已经成功了一半。

3.机械地重复小动作

有些人在说话一开始就一只手不断地搓着脸，以至于听众还以为他牙疼，其实这就是无意识表现出来的小动作，而且是机械性地重复。还有的人说话总是向左走三步，回到原来位置，又向右走三步，如此反复，直到最后结束。这样一些不断重复的而又毫无意义的小动作，会让听众觉得说话者很做作，从而降低对其说话水平的评价。

用眼睛说话，注重与听众的无声交流

在演讲过程中，许多人很容易忽视眼神的交流，他们通常是埋头看说话稿，或者仰着头看天花板，似乎那些视线所接触范围内的东西比听众更重要。当然，造成这种现象的原因有很多，有可能是内心胆怯，不敢跟听众进行视线接触；也可能是个人习惯所致。但无论是出于什么样的原因，

假如你在整个说话过程中都忘记去注视那些听众，那将会直接导致你说话的失败。也许你的说话水平很高，或许你的说话内容很精彩，但你忽略了最关键的一个环节，这会让听众感觉不受重视，或是认为你太过于胆小，或是认为你根本是心不在焉地说话。如此一来，就好像你刻意地躲避他们视线一样，他们也会自然地忽视你正在进行的说话，转而去做另外的事情。

对许多北美人来说，在演讲中最重要的一件事就是眼神的交流。因为与听众眼神的真切交流会为演讲者开拓局面，保证听者的兴趣，而这些作用都可以助演讲者说话成功，不仅如此，眼神交流还可以让演讲者获取听众对其说话效果的反馈。对于美国人来说，他们更喜欢在说话开始之前进行眼神交流，当轮到演讲者上台说话时，他会暂停一下，先看看他的听众，这时眼神在无声无息地传送着信息。在眼神里，他可能正在传达这样的语言："我对你们很感兴趣，请听我说，我有一些东西想要和你分享。"这样那些下面的听众才不会厌倦地带着书本离开说话现场。

一位老师讲述了这样一件事：

昨天下午去听了实验室一位同学作的研究报告，我发现他在报告的过程中视线几乎没有离开过电脑屏幕，只是一味地讲课，尽管不是照着那课件念，但我还是觉得缺少了点什么。

这让我想到了几个月之前我曾参加的一个学术会议，当轮到我上台发言时，我觉得很紧张，而且觉得自己经验不足，因此在整个过程中我头也不抬，只是盯着电脑屏幕自顾自地讲话，很快就讲完了。之后有个专家提问环节。如今，对于那些专家提出来的关于学术上的问题我已经模糊不清了，但我记住了一个外国专家给我的建议，他说："我不知道你是因为紧张还是其他什么原因，但我建议你下次作报告时要与听众有眼神上的交流。"那位外国专家的建议对我十分有用，这让我在上课时更加注重与学生们的眼神交流，我的教学水平自然也因此得到了提升。

实际上，与听众在眼神上的交流可以让你明白听众的一些心理活动，是同意、反对，还是疑惑，依据听众的这些反馈，我们可以适时地调整说话进度和重点，从而获得一个很好的说话效果。

在对你的说话材料足够熟悉的基础上，你可以尽可能频繁地与听众进行视线接触。如果你的眼光一成不变地盯着窗外或看着天花板，听众的注意力就会被你从演讲内容上引开。过了一段时间，听众关注的焦点开始转移到那些方向，他们不再认真听你说话。而与听众视线接触还需要掌握技巧，直视他人的脸意味着坦率和兴趣，而目光游移或者躲躲闪闪则被认为心怀鬼胎或狡猾诡诈。

通常说话者与听众进行的眼神交流不仅仅是盯着前排或一两个听众，而是针对所有的听众。而且，这样的眼神交流必须是真诚的，而不能是虚假的。

前后左右地环视你的听众，你可以选择一个人作为焦点，然后再换一个人，眼睛慢慢地从一个人移到另外一个人身上，在每一个人身上停留两到三秒，眼睛直视听众，或看着他们的鼻梁或下巴。寻找到那些看起来很友好的听众，向他们微笑，然后转向那些面带疑惑的听众，并逐渐朝着他们微笑。

🎙 TED演讲箴言

在下面这两个关键时刻，你更需要与听众保持视线接触：

1.说话开始

当说话刚刚开始，你还没有步入正轨时，你可以用点头和积极的面部

表情示意对你作出支持性回应的听众。看着他们并利用他们的支持来帮助你渡过这段令你感觉不舒服的时间。

2.说话过程中

一旦你开始说话，就须扩大你的视线接触的范围，使之包括所有的听众。你需要做的是直视单个听众的眼睛，并保持这种视线接触至少3秒钟以上。不要迅速地从一排排脸上扫视而过。在整个房间内随意地移动你的视线，不要陷入一种单调刻板的模式。

炯炯有神，注意眼神运用的多样性

我们常说："眼睛是心灵的窗户。"一个人的内心世界到底是什么样子，往往会通过眼睛这个窗户透露出来。演讲者站在讲台，自身的喜怒哀乐，用不着开口说话，就能够凭着眼睛的神态传递出内心的情感。而听众也并非一定要听说话者说些什么才能获取其中的信息，只需要关注说话者的眼神，就可以了解其内心想法，知道他想要表达什么样的想法。

说话者在运用口语传递信息的同时，也要通过自己的眼神，把内心的激情、学识、品德、情操、审美情趣等传递给听众。你的眼神变化要与说话内容的发展和自己情绪的变化相协调，要注意眼神运用的多样性，准确地表情达意，给人以胸怀坦荡的感觉。

伟大的无产阶级革命家恩格斯、马克思、列宁都是善于使用眼神的说话高手。

李卜克尔西回忆恩格斯曾说："他在观察人们和事物的时候，不是用玫瑰色眼镜或黑色眼镜，而是用明察秋毫的目力。他的目光从不停留在事物的表面，而总是要洞悉底蕴。这种明察秋毫的目力，这种'慧眼'，这种自然之母只赋予少数人的洞察力，都是恩格斯所有的。这一点在我第一次会见他的时候就察觉到了。"

保尔·拉法格在回忆马克思时曾说："当某一个人在谈话中说出几句俏皮话或机敏的答辩时，他的黑眼睛便在浓密的眉毛下快活地嘲弄地闪动起来。"

普·凯尔任采夫回忆列宁曾说："他演说时的姿态，他的纯朴，而首先是他的一双目光炯炯能看到人们内心深处的眼睛——都使我觉得是非凡的。"

在说话时，不同的眼神，给人以不同的印象。眼神清澈坚定，让人感到率直、善良、天真；眼神狡黠奸诈，给人以虚伪、刁奸之感；左顾右盼，显得心慌意乱；翘首仰视，显得凝思高傲；低头俯视，露出胆怯、害羞。眼神会透露人的内心真意和隐秘，眼睛能自如地传递心灵的信息，反映人的喜怒哀乐之情。

人们的思想感情常常通过眼神自然流露出来，而眼神配合口语能表达出丰富多彩的思想感情。因为人的眼睛有上百条神经连结大脑，它们是大脑获得信息的重要渠道，同时又受到大脑中枢神经的控制。

事实上，无论使用哪种眼神，都是为了表达一定的思想内容和感情，绝不可漫无目的地故弄玄虚。同时，在运用眼神时，应当表现出信心和活力，显出风度。说话者在公开场合说话时需要保持视线的目标在正前方，炯炯有神地面对听众，并且不断地兼顾全场，了解听众的反应。也就是要把目光注视前方与多方位观察巧妙地结合起来，全方位地观察听众。要做到全方位地观察听众，就需要学会运用眼神的三种技法（见TED演讲箴言）。

可以毫不夸张地说，眼神所能传达出来的感情，往往会超过有声语言所表达的含义。也因为如此，我们才会有"会说话的眼睛"的说法。既然眼神有如此大的作用，那在演讲时更需要充分发挥出眼神的作用来。

TED演讲箴言

1.注视一部分听众

这种眼神的方法就是有目的、有针对性地重点注视某一局部听众。运用这种方法可赞扬和感谢那些专心致志的热心听众；引导和启发那些有疑问和感到困惑的听众；支持和鼓励那些想询问的听众；制止那些影响现场秩序的听众，使其收敛，达到控场的目的。

运用这种方法针对性较强，目光含义要明确，但是要适可而止，避免与听众目光长时间直接接触，以免使被注视的听众局促不安，或者使其他听众受冷落。

2.全方位地注视听众

这种眼神的方法是目光有节奏或周期性地环视全场，其目的主要在于掌握整个说话现场动态，照顾全场，统率全局。运用这种方法，可使全场听众产生亲近感。但必须注意，一定要照顾全局，不可忽视任何角落的听众。同时，头部摆动幅度不宜过大，眼珠不可肆意乱转。

3.远远地注视着听众

这种眼神的方法就是目光似盯未盯地望着听众。运用这种方法可显示出说话者端庄大方的神态，可引导听众进入描述的意境之中，还可烘托气氛。但应注意使用不可频繁，以免给人以傲慢的感觉。

第08章　　敏捷思维，作好临场反应

TED演讲，控场的最高境界在于，营造一个与听众融为一体的氛围，确保掌控这个氛围的总开关在自己手中。在演讲现场，演讲者需要有效地调动听众情绪，集中听众的注意力，驾驭场上气氛及秩序，使演讲朝着有利方向发展。

记住：你只有18分钟

你做演讲准备工作的时候，需要看看讲话内容各个部分的大致比例：开场白、主要内容、结论。一般情况下，主要内容应该占发言时间的百分之七十五；开场白不要因为插进题外话而拖得太长；还要检查论述要点之间的相对比例，看看自己是否用了一半时间来阐述其中某一个要点，这样做值得吗？有的领导在实际演讲时语速过快，这样一来，很多重要的地方就得不到澄清了。

演讲排练越接近实际情况，对时间估计的误差越小。你在进行演讲排练的时候，要注意下面几个方面的问题：

1.用手表查看自己的演讲时间，但是不要死盯着手表的指针

把开始和结束的时间记下来，手表指针的运动会给你一种压力，让你不太自然。比如，你觉得自己讲得太慢，可能会在最后一分钟把速度加快一倍；或者觉得前面讲得太快，于是把自己的语速放慢，用使人昏昏欲睡的口吻把句子拖得很长。

2.为演讲的每个部分定时

如果能够为每个部分的讲话定时，会对演讲时间的控制帮助很大，有经验的演讲者清楚地明白演讲的每个部分各占多长时间。即使演讲时间在总体上控制得非常好，你也需要再把时间分割得更加细致一些。明白时间的长短有助于你随时进行调整，这是演讲过程中经常出现的情况。

3.记下每次演讲花费的时间

当你的排练工作进行到一定的程度，每次演讲花费的时间大致相等时，就要在笔记上记下每个部分各自花费的时间。你可以在开场白的笔记右下方标记"2分钟"，在第一个要点后记"5分钟"，在第二个要点后记"8分钟"等。

4.合理分配各个部分的时间

合理分配演讲各个部分的时间可以帮助你从容调整内容。如果你原计划用5分钟讲述第一个要点，听众的反应使你觉得自己得用8分钟才能使他们明白这个问题，那么你可以把第二个要点和第三个要点中的小故事省略掉，以空出多用的3分钟。

5.准备一块手表

有些人对时间的估计非常精确，不需要外在的提示。如果你不太善于估计时间——事实上大部分人都没有这种能力，你就要坦然地把自己的手表摘下来放在自己看得到的地方，或者请听众席上的同事到时候向你发出信号，但是不要过分依赖钟表。

演讲者在演讲过程中，能够有效控制好演讲时间是一项重要的内容。但是在演讲中对时间的控制不能仅仅依靠钟表的时间，而应该事先排练，根据排练的时间来安排自己的控场时间。

TED演讲箴言

也许你在准备工作中已经控制好了时间，可是在实际演讲过程中还是会出现各种各样的情况。一般来说，遇到的情况不外乎两种：时间太长、时间太短。这时候就需要发挥你的临场技巧，你可以借鉴一下以下的方法：

1.演讲时间太长

如果演讲时间太长，超出了预定的时间，我们可以采用下面这些方法来解决这个问题。

（1）检查自己的证据和例子，不要反复重申同样的内容，你可以把那些要除去的内容留在问答或讨论时用。

（2）取消较长的故事、笑话、叙述等，除非它们对演讲主题至关重要。

（3）考虑把某个要点全部取消，同时，相应地调整自己的主题。

（4）例子的描述不要太过详细，在演讲过程中，不要讲述整个故事的来龙去脉，只须包括所有关键要素的大概情况即可。

（5）考虑用演讲以外的其他方式来解说技术和细节，如分发资料或使用视觉道具。

（6）修饰和简化语言以及措辞，说话要深入浅出。

2.演讲时间太短

如果演讲时间太短，我们可以从以下几个方面考虑改进。

（1）检查是否存在一些重要观点没有充分阐述。

（2）检查自己的措辞是否过于简短，有的在其他地方已经说过，口语的语速比较快，所以要进行重复和修饰；还要加入各种说明来使每位听众完全把握你的意思以及你希望传达的重点。

（3）一定要保证你为自己的所有要点都配备了充分的证明材料，再次检查你的论据，确保你的论点都有根有据，且没有跳过某些逻辑证明的步骤。

（4）你在图书馆查找资料的工作可能做得不够，没有确实查阅足够多的资料。

我的舞台我做主

演讲者在作一次演讲的时候，需要根据第一印象、角色整合、高潮设置、完美形象、巧妙结束来有效地控制演讲现场。因为只有有效地控制了演讲现场，才能够更好地与听众进行交流，才能够获得演讲的成功。

TED演讲箴言

那么如何有效控制演讲现场呢？那就需要注意下面几个方面：

1.第一印象

演讲者的演讲活动来自其与听众的互相作用。演讲的期待与听众的满足，是演讲者与听众心理相隔的基本因素，而沟通两者的心理桥梁就是信任和依赖。因为，一方面，演讲者处于主导地位，听众随着反应；另一方面，听众的反应程度又是演讲者调节自己表达方式的依据。如果演讲者享有声望和信誉，就能使听众产生良好的心理定式，也能调动起听众的兴趣和热情。

演讲者的声望和信誉直接影响到听众的理解效果，直接影响着听众情绪和演讲现场的气氛。显然，演讲者的权威性具有积极和控场作用。但是，威信的形成并不是一个简单的过程，它取决于很多的因素：社会舆论的重视、演讲者的社会地位和外部形象，同时也与听众的文化修养、欣赏水平有关。最为关键的一点，并不是每一个演讲者都享有很高的声望和信誉，所以，演讲者应该学会用一些技巧来有效控制演讲现场。

（1）良好的第一印象

从某种意义上讲，演讲者的"第一印象"具有权威性效应，演讲者一上台，首先给观众的第一印象是视觉形象，而视觉形象的刺激，常常能够强化听众注意的意向性。因此，演讲者在走上讲台时，要特别注意自己的仪表、举止；要以稳健、大方、镇定自若的姿态出场，给听众留下美好的印象，使听众"一见钟情"，造成先入为主的心理定式，从而使听众对演讲者的演讲能力作出较高的评价，并随之给予高度的关注。

第一印象，与演讲者的性格、态度、能力、学识等有关。性格，需要稳重、活泼、谦和、自信和幽默，能够赢得听众的热情；态度，应该热情、真挚、公正、认真，这样易于博得听众的好感；学识，应该是聪慧、敏捷、见多识广、通今达古、博闻强记，使听众倾倒。所以，当演讲者走上台时，应头微微侧向听众，面带微笑，显露出心中充满的诚恳和激情，以坚实的步伐传递出自信、成熟的热情。

（2）精彩的开场白

开场白也具有第一印象的特点，对整个演讲的基调和成效具有关键性的意义。开场白是演讲者与听众之间架起的第一座桥梁。因此，精彩的开场白也是积极控场的手段之一。如果你的开场白能够如磁石般吸引住听众，赢得听众的高度注意和信任，那么你的演讲就已经成功了一半。

2.角色整合

"进入角色"也是一种积极的控场艺术。一般来说，短时间地吸引

住听众不是什么困难的事情；但是如果要把这样的"吸引"维持下去，直到演讲结束，那就是极其困难的事情。这就需要演讲者尽可能地把听众"拉住"，在开展主题时尽快进入角色，把自己的思想感情融于演讲内容之中，就如同演员担任某种角色一样，自然地、如实地把自己对角色的理解、感受、爱憎等表达出来，既以雄辩的逻辑力量，又以真挚的感情力量，使听众折服倾倒。

演讲者要迅速准确地进入角色，就必须在上台之前酝酿一下感情，进行角色调整。有的演讲者因为事先没有准备，所以上台后显得感情不真切，表露不恰当：要么表现不足，与演讲内容不合拍，心不在焉；要么过于失控，滥用感情，甚至失态。从角色失当到角色平衡是一个极为复杂的角色整合过程：首先要有强烈的角色意识，对自己有正确的科学的自我评价；其次要克服自己旧有心理定式的负作用，要意识到只有对演讲内容娴熟地掌握才能把自己的思想感情融于其中。

3.高潮设置

演讲者感情最激昂、气势最恢宏，演讲者与听众感情交流最融合的时刻，正是演讲的高潮所在。如果演讲中能做到高潮迭起，演讲者便自然控制了整个现场。那么怎么使演讲达到高潮呢？这就需要演讲者在感情上一步一步地抓住听众，使听众的内心激情逐渐地燃烧起来，如此便能将演讲推向高潮。换句话说，就是以情激情，以心换心。

在演讲过程中，深邃的思想能启迪深思，激起听众的积极响应；风趣幽默的语言，能引起听众的兴趣和热情；生动感人的奇闻轶事，可以醒目提神、活跃气氛；新颖广博的知识，可以使听众耳目一新、精神振奋；而精辟的论证、严密的逻辑，能够征服听众；设置悬念、适当提问，能引起听众积极思考的兴趣；真挚热烈的激情，贴切自然的手势动作，都能紧扣听众的心弦、感人肺腑。

4.以完美的形象巧妙结束

有效地控制演讲现场，还应该特别注意临近结尾时演讲者的完美形象。有的演讲者在演讲的时候，往往因为前面一直顺利，临近结束时，自以为胜利在握，得意扬扬，显出高傲轻慢的样子；而有的则因认为演讲不尽如人意，产生浮躁情绪，匆匆忙忙、草率收兵；有的放纵感情，话已讲完却又添枝加叶，拖拖拉拉。这些失误，往往造成听众情绪松弛，会场秩序混乱，使演讲失去光彩。

其实，在演讲临近结束的时候，演讲者要保持饱满的情绪，尽量地完善自我形象，从容镇静，善始善终，使听众感到余味无穷，得到思想启迪和美的享受。而这关键在于巧妙地结尾，演讲者要保持庄重、镇静，不陈言俗套，不盛气凌人，既要显示出分量，又要显示出修养。

婉拒不需要回答的问题

演讲过程中，免不了会遇到别人提出的一些问题。但不是所有的问题都有必要回答，有些不友好的问题就没有必要回答，这时候就需要拒绝回答问题。但是很多演讲者都有这样的体会，别人对你提出了某个问题，出于理智的考虑应该拒绝；但是出于某种缘故，直接拒绝又会破坏彼此之间的愉快气氛，而且有损自己的形象。

不可否认，演讲者不希望因为拒绝回答问题而使交谈陷入困境，使对方感到不快。况且，在很多时候，直截了当地拒绝对方的问题，效果不佳。因此，演讲者有必要学习运用一些正确而巧妙的拒绝方法，既达到不

回答问题的目的，又不使对方感到难堪。

一般来说，好的拒绝应表现为拒绝对方的问题，但并不拒绝对方的人。这就是说，应该明确无误地拒绝对方提出的问题，使对方明白自己所提出的问题被拒绝了，但是要委婉妥当地善待对方的情感、理解。比如，在拒绝了别人提出的问题之后，你可以再表述自己的同情、理解或歉意。

有的演讲者在拒绝回答对方提问的时候，由于担心伤害到对方的感情，讲话吞吞吐吐、躲躲闪闪，让人不明白自己的问题到底是被拒绝了还是没有被拒绝。这种很模糊的答案一般不可取，有时候还可能给自己惹麻烦。

哪些问题是需要拒绝回答的呢？大致来说，就是那些关系企业内部甚至国家机密的问题；那些无关紧要的小问题；还有就是演讲者自身的私人问题。演讲者在面对他人提出的那些不需要回答的问题时，可以用巧妙的方法进行拒绝。

🎤 TED演讲箴言

当然，拒绝回答别人问题的方法很多，下面我们简单地介绍一下：

1.顺势诱导

有时候，面对一些你不想回答的问题，你可以顺势诱导，巧妙地拒绝对方。

罗斯福当美国总统前，曾在海军担任要职。一天，一位朋友问起海军在加勒比海一个小岛建立潜艇基地的计划。

罗斯福向四周看了看，压低声音问："你能保密吗？"

"当然能。"

罗斯福笑着说："你能我也能。"

罗斯福先是顺势诱导，再进行巧妙的拒绝，他明确地表明了不想回答这个问题，不想把秘密告诉那位朋友。

2.肯定、否定并用

有时候对方所提出的问题有一定的合理性，但由于某些原因又无法予以回答，此时你可以用肯否并用的方法，先肯定对方问题的合理性，然后再拒绝其提出的问题。这种方法的语言表达形式经常是转折关系的复句或句群。

一位下属向李主任说："我来当你的助手该是可以的吧，你看我能够胜任吗？"事实上，李主任现在并不需要助手，但是他也不能打击下属的积极性和自信心。

于是，李主任笑着说："你的确很优秀，是个人才。只是目前我不缺助手，真是对不起。"

李主任先肯定了下属的能力，赞扬了下属的工作成绩，然后再进行有效的拒绝，并没有正面回答"是否胜任助手"这个问题。

3.重复已知

有时候，演讲者面对别人提出的问题，若不想回答，就可以采用重复已知信息的方法进行拒绝。

《世说新语》里有这样一个故事：大将军钟会慕名去拜访名士嵇康，嵇康自顾打铁，不理睬钟会。钟会站在一旁看了一会儿就走了。见钟会要走，嵇康就问："何所闻而来，何所见而去？"钟会答曰："闻所闻而来，见所见而去。"

钟会的回答重复了嵇康问题中隐含了的信息，这就是一种有礼貌的、委婉的拒绝。比如，你在碰到别人问"昨天你到市长家里干什么"时，可以顺势回答："我去有点事。"

4.沉默而微笑拒绝

有时候，演讲者在面对一些不必问答的问题时，可以适时地以沉默拒绝，但是千万不要板着一张冷冰冰的脸，而应微笑地看着对方，用你的无声语言告诉对方，这个问题不想回答，也没有必要回答。

棘手问题，谨慎作答

演讲者有时候会面对他人提出的一些不友好的问题，而如何来回答这些比较棘手的问题，是非常具有技巧性的。而最重要的一点就是演讲者在面对这些不友好的问题时，需要保持平和的心态。你越是愤怒，就越增加提问者的嚣张气焰。最佳的办法，就是心平气和，冷静地思考如何巧妙地回答他们的问题。

即使你不想回答对方的提问，但因为在公众场合，你也不能一概以"无可奉告"作为答复。而出于某种原因，有些时候你必须作答。这时候就应该仔细思考，三思后再作出回答，尽量语气平和，避免出现过激的矛盾。

🎤 **TED演讲箴言**

下面我们简单地介绍一下回答不友好问题的技巧：

1.答非所问，避开锋芒

有时候，对方所提的问题异常尖锐，而你作为演讲者又不可能直接当面拒绝回答。为了保持自身的形象，你可以针对对方的问题答非所问，避开其锋芒，从问题本身入手，巧妙地抛出答案。

外国记者不怀好意问周恩来总理："在你们中国，明明是人走的路为什么却要叫'马路'呢？"周总理不假思索地答道："我们走的是马克思主义道路，简称马路"。

这位记者的用意是把中国人比作牛马，和牲口走一样的路。如果你真的从"马路"这种叫法的来源去回答他，即使正确也是没有什么意义的。周总理把"马路"的"马"解释成马克思主义，恐怕是这位记者始料不及的。

2.故意曲解，有效地转换话题

演讲者在面对那些不友好的问题时，可以不从正面回答，而是有效地转换话题。换句话说，就是绕开对方原本提出的问题，转而谈论另外一个你想谈论的问题。当然，这需要有灵活的技巧。比如，你可以对对方的无理提问进行故意的歪曲理解，从而有效地转换到另一个话题上去。

一次，英国首相威尔森的竞选演说进行到一半时，突然底下响起了一个反对者的喊声："狗屎！垃圾！"很明显，他是在讥讽威尔森的演说。对此，威尔森微微一笑，平静地说："这位先生，我马上就要谈到您提出的脏乱问题了。"

威尔森的做法可谓是机智过人。他运用了故意曲解话题的方法，有效地将话题转换，既让讥讽者哑口无言、竞选演说顺利进行，又在选民面前展示了自己的机智善变辩。

3.柔中带刚，巧妙反击

你可以在回答对方那些暗含讽刺的问题时柔中带刚，进行巧妙的反击。

美国代表团访华时，曾有一名官员当着周总理的面说："中国人很喜欢低着头走路，而我们美国人却总是抬着头走路。"此语一出，话惊四座。周总理不慌不忙，脸带微笑地说："这并不奇怪。因为我们中国人喜欢走上坡路，而你们美国人喜欢走下坡路。"

美国官员的话里显然包含着对中国人的极大侮辱。在场的中国工作人员都十分气愤，但由于是外交场合，难以强烈斥责对方的无礼。如果忍气吞声，听任对方的羞辱，那么国威何在？周总理的回答让美国人领教了什么叫作柔中带刚，最终尴尬、窘迫的是美国人自己。

4.类比设喻，从容相驳

在交谈中抓准时机，进行类比设喻，予以回击。

2000年11月，李瑞环考察香港时，两名女记者抢着提问："您在讲话中强调了团结的重要，是不是指香港不够团结？"李瑞环笑问："如果我祝你们身体健康，是不是指你们的身体就不健康呢？"

李瑞环的这个回答是成功的归谬法。他睿智的反问击中了这个问题的要害，答案不言而喻。

5.运用逻辑

有时候，演讲者在面对那些不友好的问题时，可以运用语言逻辑进行有力的回击。

著名诗人马雅可夫斯基是一位善于应对的演讲家。请看他在一次演讲大会上是如何应对的：

反对者："您讲的笑话我不懂！"

马："您莫非是长颈鹿？只有长颈鹿才可能星期一浸湿的脚到星期六才能感觉到呢！"反对者："我应当提醒你，马雅可夫斯基，从伟大到可笑，只有一步之差！"

马（用手指着自己和那个人）："不错，从伟大到可笑，只有一步之差。"

反对者递上一张条子，上面写道："马雅可夫斯基，您今天晚上得了多少钱啊？"

马："这与您有何干？您反正是分文不掏的，我还不打算与任何人分哪！"

反对者："您的诗太骇人听闻了，这些诗是短命的，明天就会完蛋，您本人也会被忘却，您不会成为不朽的人。"

马："请您过一百年再来，到那时我们再谈吧！"

马雅可夫斯基将错就错，用反问给予辛辣的讽刺。面对反对者讽刺的提问，马雅可夫斯基以其人之道，还治其人之身，用同样的战术——偷梁换柱予以回击，使反对者一个个败下阵来。这样的语言反击不仅极具幽默感，而且具有高妙的逻辑战术。

察言观色，掌控演讲节奏

在演讲活动中，虽然演讲者居于主导地位，但并不意味着说演讲者可以自己讲自己的，完全不用搭理听众。我们都知道，演讲是否有效，取决于听众的反应，尽管演讲者是表面上的主角，实际上听众才是真正意义上的主角，因为有了他们，演讲才能表现出它应有的意义。

因此，在演讲过程中，演讲者需要观察听众的神色，是茫然，抑或是神情专注。若发现听众对自己的讲话不感兴趣，或纯粹不听，就应该及时地采取一些互动措施，想办法抓住听众的注意力，唤起听众的兴趣。

一位学者到部队上演讲，他讲道：

"退后三十年，我和你们一样，也是一个兵！肩宽体阔，走路生风，迈步作响。当过班长、排长、连长。后来阴差阳错，改行成了摇笔杆子的爬格虫，经常熬通宵，弄成这般连我都不喜欢的样子。所以，一有机

会就想寻根，今天总算又回来了，请你们接受我这个没有军装的老兵的致意……"

在案例中，学者利用自己和眼前战士曾有过的共同点，设计了这样一段话，试想，每一个现场的士兵又怎能不被感动呢？他们感受到了一种重视、尊重，自然，他们与演讲者之间的距离也拉近了。

有一次，冯玉祥将军率军来到抗日前线地区的河南鲁山县，受到当地民众的热烈欢迎，并开了一个"军民联欢大会"，会上他发表了抗日鼓动演讲。一直以来，冯玉祥将军在百姓心中的威望是极高的，但正因为如此，让在座的听众都产生一种敬畏。而由于冯玉祥将军在入场时脸色很严肃，他们心中更添了几分畏意。但是，冯玉祥将军正式演讲一开始，听众顿时没了畏惧感，而只有亲切。

当时，冯玉祥将军是这样讲的：

各位老先生、老太太，兄弟姐妹们！各位青年学生们！全体官兵兄弟们！你们不是常听说"老冯老冯"的吗？我就是冯玉祥。咱们耳朵里是熟人，眼睛里是生人，从今以后咱们眼睛里也是熟人啦！我代表国民政府，代表蒋委员长，向抗战前线的河南军民致以亲切的慰问和崇高的敬礼！

冯将军以亲切而朴实的语言，一句"从今以后咱们眼睛里也是熟人啦"，将自己与百姓的心贴得更紧。在演讲过程中，如果演讲者在表达自己想法时更富有感性，并将自己的热忱传达给听众，与听众之间形成互动，通常是不会出现冷场的。

在某些时候，听众对演讲毫无兴趣，注意力分散，或者仅以"嗯""哦"之类的简单语言来应付。出现如此现象的原因在于演讲者的话没有吸引力，听众只是出于纪律的约束或一种礼貌而扮演一个"接受"的角色。

🎤 TED演讲箴言

在实际演讲中，若是发现听众神色茫然，演讲者应该如何与现场的听众进行互动？

1.抓住听众的注意力

在演讲时，演讲者可以随手采用眼前的东西，比如，大厅里的听众、当前的事物、当地的参照物，或是采用大家熟悉的例子，人人使用的语言以及司空见惯的事件。如果能将这样一些事物纳入自己的演讲内容，定会让听众有亲切之感。

2.适时提问

如果你对台下的听众进行过一番研究，那可以按照这个结果选取一些听众感觉亲切或熟悉的东西融入演讲内容中，以吸引他们。比如，提及现场的细节或共同体验过的某一件事，"在座的各位有多少人今天吃了早饭？啊，我看见你们大约有一半的人举起了手。这位朋友，你吃了什么？豆浆加油条，那边那位，你吃了什么？"然后通过这些内容巧妙地引出你所演讲的话题。

妙用自嘲的语言艺术

幽默一直被人们称为只有聪明人才能驾驭的语言艺术，而自嘲又被称为幽默的最高境界。自嘲是缺乏自信者不敢使用的语言艺术，因为它要你自己骂自己，也就是要拿自身的失误、不足甚至生理缺陷来"开涮"，对丑处、羞处不予遮掩、躲避，反而把它放大、夸张、剖析，然后巧妙地引

申发挥，自圆其说，博得一笑。由此可见，能自嘲的人必须是智者中的智者、高手中的高手。

如果没有豁达、乐观、超脱、调侃的心态和胸怀，是无法运用自嘲的语言艺术的，那些自以为是、斤斤计较、尖酸刻薄的人是难以说好自嘲的话的。自嘲的语言艺术是最为安全的，因为它谁也不伤害。你还可以用它来活跃谈话气氛，消除紧张的情绪；在尴尬中找个台阶，保住面子；在演讲场合获得人情味；在特别场景中含沙射影，刺一刺无理取闹的小人。

🎤 TED演讲箴言

自嘲能产生以下六大积极效果：

1.摆脱窘境

演讲者在与听众交流时，如果对方有意无意地触犯了你，把你置于尴尬境地，那么你就可以借助自嘲摆脱窘境，这是一种恰当的选择。

20世纪50年代初，美国总统杜鲁门会见十分傲慢的麦克阿瑟将军。会谈中，麦克阿瑟拿出烟斗，装上烟丝，把烟斗叼在嘴里，取下火柴。当他准备划燃火柴后，停下来对杜鲁门说："抽烟，你不会介意吧？"

显然，这不是真心征求意见，在他已经作好抽烟准备的情况下，如果对方说他介意，那就会显得粗鲁和霸道。这种缺少礼貌的傲慢言行使杜鲁门有些难堪。然而，他看了麦克阿瑟一眼，自嘲道："抽吧，将军。别人喷到我脸上的烟雾，要比喷在任何一个美国人脸上的烟雾都多。"

由此可见，当令人难堪的事实已经发生时，巧妙地运用自嘲，能使你的自尊心通过自我排解的方式受到保护，同时，还能体现出你宽阔的胸怀。

2.解决难题

有时候，巧妙地运用自嘲的语言艺术，还可以为你解决难题。

广东一家食品公司的副科长到郊区调运蔬菜，卖方想趁机捞一把，索价很高，双方僵持不下。眼看城里食品供应严重不足，快要脱销，心急如火的科长却摆出一副泰然自若的样子，充分使用幽默法来自嘲："其实，你们把我看高了。我不过是个小科长，还是副的，我手里能有多大的决定权？再说，夏天这么热，我花大价钱买一堆烂菜帮子回去，能担当得起亏损的责任吗？"卖主们听了他的这番话，望望酷暑的太阳，知道蔬菜多积压一天将腐烂不少，不禁大为泄气，动摇了索要高价的决心。

副科长的自嘲不但使卖主动摇了索要高价的决心，还对副科长的苦衷产生了某种同情心。所以，副科长运用自嘲的艺术使自己完成了蔬菜调运任务。

3.宽慰自己

在有些时候因某些事不尽如人意而烦恼和苦闷，运用自嘲，既可宽慰自己，又能让人刮目相看，一举两得。

1958年，马寅初的《新人口论》问世不久，便遭到陈伯达之流的点名批判。有人愤愤不平地对马老说："你的逆耳忠言，竟遭人泼冷水。"马老风趣地回答说："我最不怕冷水的，近50年来，我洗惯了冷水澡，天天洗，一日洗两次，冬夏不分。因此，冷水对我来说非但无害，反而有益健康。"

马寅初的那番自嘲既是一种自我安慰，也可以让那些批判他的人刮目相看。

4.融洽气氛

有时候，双方在交流中因为某些事情而陷入难堪的气氛，这时候，你不妨自嘲一番，既能融洽气氛，又能安抚自己的情绪。

有一天，钢琴家波奇到美国密歇根州福林特城演奏，开场前发现上座率很低，不到五成。他虽然很失望，但并没有因此影响自己的情绪。为使场内观众不感到空寂，他便走向舞台的脚灯，笑着对观众说："福林特这个城市的人们一定很有钱，因为我看到你们每个人都买了两三个座位的票。"立刻，空荡的剧场被笑声充满了。

波奇的自嘲使场内的观众不感到空寂，并且巧妙地调动了观众的情绪，为他的演奏作了情绪铺垫。

5.消除尴尬

当你置身于难堪境地时，如果过分掩饰自己的失态，反而会弄巧成拙，使自己越发尴尬。相反，如果以漫不经心、自我解嘲的口吻说几句取悦于人的话，却可以活跃气氛、消除尴尬。

作家杰斯塔尔是个大胖子，他却不以胖为耻。他经常对朋友自嘲说："我是个比别人亲切三倍的男人，每当我在车上让座给女人时，我的一个座位可以坐下三个人。"轻松愉快的自嘲，正是杰斯塔尔信心十足的有力表现。

6.增添情趣

有时候，适时适度的自嘲可以增添一些情趣，使人感受到你的可爱和人情味。自嘲，能制造宽松和谐的交流气氛，能使自己活得轻松洒脱，有时还能更有效地维护面子，建立起新的心理平衡。所以，适时适度地自嘲，不失为一种良好修养，一种充满魅力的交际技巧。

TED演讲口才是一个相通的概念，一旦我们掌握了TED演讲的核心内容以及演讲技能，就能够轻松游走于日常生活中的各种公开演讲场合，如职场演讲、主持演讲、即兴演讲、辩论演讲、谈判演讲。

第09章　职场演讲，缔造大好前程

　　身处职场，需要演讲的场合很多，如面试、竞聘、会议等，都需要落落大方的演讲。对于每一个职场人而言，人们评价他是否具备潜在的价值，不仅在于他做事的能力，还在于他当众演讲的能力。

当众面试，如何作好自我介绍

　　步入职场最初的一次公开说话，就是应聘工作时的面试环节。而在当众面试时，我们必须要通过的一个环节就是自我介绍，自我介绍是向公司领导展现自己的一个重要手段，自我介绍好不好，直接关系到你给公司领导的第一个印象以及以后的交往顺利与否。自我介绍是面试中极其关键的一个环节，由于"前因效应"的影响，这短短的两三分钟的自我介绍在某种程度上决定着你在各位考官心目中的印象。这样一段讲话将是你所有工作成绩与为人处世的归纳，当然也是你接下来面试的基础，因为考官会依据你自我介绍中的内容来对你进行适当的提问。因此，如果你想在面试时给考官留下一个深刻的印象，就要将主要的功夫放在自我介绍上。

　　在面试中，通常会让面试者作一个简单的自我介绍，时间一般在两三分钟左右。自我介绍是一个展现自我的机会，作为面试者，你要全面把握自己：需要突出自己的优点和特长并有相当的可信度，尤其是具有实际经验的要突出自己具体在哪方面有优势，最好是通过自己做过什么样的项目来验证；需要展示自己的个性，突出鲜明的个人形象，可以利用老师或朋友对你的评价；需要用事实说话，不能太夸张，少用虚词、感叹词。除此之外，在进行自我介绍时需要符合常规、符合逻辑，讲话内容层次分明、重点突出，逐渐展现自己的优势，而不是一上来就罗列自己的优点。

这是一位护士在面试时的自我介绍例文：

本人于1985年毕业于某某省天水卫校护理专业，同年7月分配至某大学第一医院工作至今。曾在心血管科、小儿科、普外科和肿瘤科轮转工作过。2002年10月在全院进行的护士长竞聘上岗竞选中，以良好的优势竞聘为小儿科护士长。

17年来，本人一直辛勤工作在临床护理第一线，深知广大患者的疾苦和需求，深切体会到护理工作的烦琐及责任重大，也感受到垂危的生命从死亡线被抢救过来的喜悦。本人年富力强、技术精湛、服务态度热情周到，率先倡导人性化护理的服务理念，特别在心理护理和健康宣教方面，有着较为丰富的临床经验。本人个性开朗，热情耐心，协作能力较强，有良好的人际关系及语言交流和沟通能力，易于开展病房的管理工作，符合时代对管理人才的要求。

本人的服务宗旨："热情、耐心、关爱、创新、尽我所能、满足患儿需求。"我将用榜样的力量带领全科护士为患儿创建一个温馨、安全、优质、高效的就医环境。

这称得上是中规中矩的自我介绍，在整个讲话过程中，没有太多的亮点，只是介绍了自己过去的经历以及为人处世的态度。对于这样的自我介绍，我们说不出哪里不好，但是太过于规矩，无法给人耳目一新的感觉，注定将被面试官遗忘。

TED演讲箴言

在实际面试中，如何才能让自我介绍打动面试官呢？

1.清楚地了解自己

在自我介绍之前，我们需要对自己有一个清楚的认识，问问自己"你现在是干什么的""你将来要干什么""你过去是干什么的"，你需要从现在到将来再到过去。首先，你需要将自己与别人区分开，强调自己的不同点，这会让你在众多的面试者中脱颖而出；其次，对未来的规划要合理、具体；最后，找到过去经历中与未来的联系点，从这开始谈起，会让面试官有一个更深刻的印象。

2.投其所好

当你清楚自己的强项之后，需要准备自我介绍的具体内容，包括工作模式、优点、能力、显著成就、专业知识等。即便你的优点很多，你也只需要谈一些与该公司有关的内容，比如，你应聘的是一家电脑公司，那么你应该说一些自己关于电脑方面的能力。

3.内容的排序

自我介绍内容的排序是很重要的，内容的编排方式决定着你是否能抓住面试官的注意力。因此最开始说的应该是最想面试官记住的事情，而这些事情通常都是你的得意之作，或者列举一些你的相关作品或记录，以此增加你的印象分。

竞聘演说，突出自身优势

竞聘演说即是为求得自己所求的岗位，重点突出自身的优势，以引起听众对自己的认同并希望最终竞聘成功的演说。

与一般的即兴演讲相比，竞聘演讲具有以下一些特点：

1. 目标的明确性

竞聘演说区别于其他演讲的主要特征是目标明确。一方面，演讲者上台后就要鲜明地亮出自己所要竞聘的目标岗位，同时所组织的材料应该围绕竞聘成功的目的。另一方面，所选用的一切材料和运用的一切手法也都是为了一个目标，那就是使自己竞聘成功。

2. 内容的竞争性

竞聘演说与其他演讲不同，它的全过程都是听众在候选人之间进行比较、筛选的过程，竞聘者如果谦虚、不好意思说自己的长处，表示自己也是一般般，就不能战胜对手。因此演讲者必须"八仙过海，各显其能"。有时，甚至还要把本来是"劣势"的方面换一个角度讲成"优势"。

一位工人在一次竞聘厂长的演讲中这样转化自我的"劣势"：

"我一没有党票，二没有金灿灿的大学文凭，三没有丰富的阅历，我只是一个初涉人世的二十五岁的小伙子。你们有百分之百的理由怀疑我是否能担得起化肥厂厂长的重任。然而，同志们，朋友们，请你们仔细地想想，我们化肥厂长期处于瘫痪的状态，难道是因为历届的厂长没有党票、没有文凭、没有阅历吗？"

竞聘厂长，年轻、学历低、非党员，对于竞聘人来讲都是不利的因素，但小伙子并没有回避自己的劣势，而是把大家内心的怀疑讲出来，通过一个有力的反问很好地化解了人们心中的疑虑。

3. 主题的集中性

所谓主题的集中，是指所表达的意思单一，重点突出。这就是说，在表达意思时，必须突出一个重点，围绕一个中心，而不要搞多重点、多中心，不能企图在一篇演讲中解决和说明很多问题。在一次校长竞聘演讲会上，一位竞聘人就由于谈得太面面俱到而让人产生了反感。他不仅详细介

绍了自己大半生的经历，罗列了与岗位目标关系不大的诸多事项，在谈及措施时，也过于面面俱到，从学生学习、体育、德育到到校办工厂，从教学到教工生活，其措施几乎是"全方位"的。其结果是"无中心"。另一位教师，则主要"围绕"教学这一学校的中心问题来谈自己的竞聘目标和措施，获得了广大教师的认可。

4. 思路清晰

思路，就是演讲者的思维脉络；"程序"，是指演讲中先讲什么后讲什么的顺序。竞聘演说不像一般演讲那么"自由"，它除了题目和称呼外，一般分为五步：开门见山讲自己所竞选的职务和竞选的缘由；简洁地介绍自己的情况，如年龄、政治面貌、学历、现任职务等一些自然情况；摆出自己优于他人的竞选条件，如政治素质、业务水平、工作能力等；提出假设自己任职后的施政措施，在谈到具体的实施措施时，可分条列项详细阐明，以保证听众能清晰把握竞聘者的施政特点，并尽快作出自己的判断；用最简洁的话语表明自己的决心和请求。

当然，以上几步也只是简单的模式，实践中，演讲者还可根据实际需要稍加变化，不必作填表式演讲。

🎤 TED演讲箴言

那么在参加竞聘演说的时候，需要准备哪些内容呢？

1. 介绍自己应聘的基本条件

所谓基本条件就是政治素质、业务能力和工作态度等。并简要说明为什么要应聘、凭什么应聘的问题。竞聘者在介绍自己的情况时，一定要有针对性，即针对竞选的岗位来介绍自己的学历、经历、政治素质、业务能力、已有的成绩等。

2. 简要介绍自身的不足之处

竞选者在介绍自己应聘的基本条件时，要尽可能地展示自己的长处，但并不是对自身的不足之处闭口不言。

3. 表明自己任职后的打算

评选者更关心的还是竞聘者任职后的打算。因此，竞聘者在竞选演讲时，一定要用简明扼要的语言表明自己的观点，也就是说，要紧紧围绕着听众关心的热点、难点问题，提出明确的工作目标和切实可行的措施。

4. 结尾

好的结束语能加深评选者对竞聘者的良好印象，从而有利于竞选成功。竞选演讲常见的结尾方法有：

（1）表明对竞选成败的态度。这种方法能使评选者感受到竞选者的坦诚。例如，"作为这次竞选上岗的积极参与者，我希望在竞争中获得成功。但是，如果失败了我也不气馁。不管最后结果如何，我都将'堂堂正正做人，兢兢业业做事'。"

（2）表达自己对竞选上岗的信心。例如，"我今天的演讲虽然是毛遂自荐，却不是自卖自夸，我只是想向各位领导展示一个真实的我。我相信，凭着我的政治素质，我的爱岗敬业、脚踏实地的精神，我的管理经验，我一定能把副厂长的工作做好。如果各位有疑虑，那就请给我一个机会，我绝不会让大家失望。"

（3）表明希望得到评选者的支持。例如，"各位领导、各位评委，请相信我，投我一票！我将是一位合格的……"

某人竞聘科研室主任的演说：

各位领导、各位同志：

大家好！

参加竞聘之前，我一直在想：我应不应该参加这次竞聘？思索再三，我想，我愿意把这次竞聘当成争取多尽一份责任的机遇，更愿意把这个竞聘过程当作我向各位老师学习、接受各位评判的一个难得的机会。因此，我是鼓着十二分的勇气来参加竞聘的。

我知道，要成为一名合格的科研室干部不容易，要成为转型期的科研室干部更不容易。我之所以鼓起勇气参加科研室主任的竞聘，首先缘于我对教育科研事业的热爱和执着。我相信，一个人，只要他执着地爱自己的事业，他就一定能把他的事业做好。当然，也如各位所知，我也有过一些科研管理工作经历，积累了一些工作经验。有人说，经历是一笔财富，而我更愿意把自己的经历当作一种资源，一种在我今后的工作中可以利用、可以共享、可以整合的资源。

当然，我更清楚，成绩也好，经验也罢，它只能说明过去，并不能证明未来。

假如我能竞聘成功，我将努力扮演好以下几种角色：

一是以身作则，当好科研兴校的"领头雁"……

二是立足本职，当好领导决策的"参谋者"……

三是脚踏实地，当好教师科研的"服务员"……

四是与时俱进，当好学校科研的"管理员"……

五是甘为人梯，当好青年教师的"辅导员"……

说到这里，我想起了阿基米德的一句名言："给我一个支点，我可以撬起整个地球。"但在这里，我不敢高喊这类豪言壮语，我只想表达一个愿望，那就是：给我一个舞台，我会为学校的发展尽一份责任。（节选自广西吴言明的讲稿《演讲与口才》2004年第12期）

这篇竞聘演说，目的明确、主题鲜明、思路清晰，极具感染力和竞争力。

职场妙语，备受领导赏识

职场中许多场合都需要我们公开说话，如办公室，会议室等，而如何通过在这些场合的说话达到令领导赏识的目的呢？在现实生活中，不少员工总是挖空心思去讨领导的欢心，却始终不见效果。其实，当众说话的场合是可以亲近上司、赢得上司赏识的，在众目睽睽之下，你当众说了一些有趣的、赞美的、具有真知灼见的话语，其产生出的效果将是十分明显的。因为几乎所有的人都在关注你说了什么、说得好不好，若是说得好，那上司肯定会第一个站出来为你鼓掌，这样一来，你在上司心目中的印象自然加深了许多。

在某公司一次会议的中场休息之后，很多人没有准时到达会场，总经理已经准备开始讲话，但看到会场稀稀拉拉没有几个人，不禁面露不悦。随后，从会场外面进来的员工看到气氛不大对，都没有作声，而是默默地回到自己的座位上，空气显得十分凝重。

到最后，只有一个中层经理还没有进会场，就在总经理准备批评大家开会不准时的时候，她人未到声先到，"哎呀呀，卫生间的队好长啊！总经理，你怎么雇了这么多女人啊！"一句话把整个会场的人都逗乐了，总经理也不禁笑了起来。

虽然许多员工都知道总经理不高兴，但在这尴尬的气氛中，谁敢站出来乱讲话呢？而那位最后进场的中层经理知道自己已经惹得经理不高兴了，于是，人未到声音先到，通过风趣幽默的语言逗乐了全场，如此一来，总经理心中的不悦情绪自然也没有了。而通过这样一个在公众场合的讲话，也大大地提高了那位中层经理在总经理心中的印象分。在很多时候，你在某些场面上反应是否机敏，直接关系着自己职场生涯的发展。

这天中午，几个员工在办公室里议论纷纷，小王开口说："我觉得王经理办事越来越不靠谱了。本来我上个月就已经提前说了我的工作情况，希望能帮我换换部门，结果我今天去找他，他却说需要考虑一下子。我可是提前说的，当时他也答应得好好的，现在却临时变卦，这真是应了一句话：领导所说的话都无疑是一张空头支票。"大家面面相觑，没多说话。

站在旁边的小李回答说："其实也不能这样说，可能王经理最近真的比较忙吧，我倒是一直佩服他的办事能力，从来说一不二。你也知道，最近公司出了那么多事情，估计他是真没时间考虑你的问题，你先放宽心，过阵子再问问就行了。"听了小李的话，小王无奈地说："现在也只能这样了。"

过了一段时间，小李被提拔为办公室主任，而小王每次向王经理提出自己的事情，得到的却总是推托之词。事情怎么会是这样呢？原来，那天两人在办公室的谈话无意中被王经理听到了，对于那些在公众场合称赞自己能力的人，王经理是极为欣赏的；而对于那些背后当众说自己坏话的人，王经理首先就觉得这个人人品不可靠。

当众称赞领导或者肯定领导的工作能力，即便是领导本身并不在现场，其效果也一样不容小觑。在你当众赞美领导的时候，若他在现场，肯定会心花怒放，从而更加赏识你；如果他没在现场，你也不用担心，这些话迟早会传到领导的耳朵里，你也一样可能被上司赏识。

🎤 TED演讲箴言

对于希望得到领导赏识的当众说话，需要注意其中的方法与技巧：

1.多说好话，不说坏话

在职场里的当众说话，需要多说好话，不说坏话。所谓的多说好话就是肯定或赞美领导的工作能力，大力支持领导所提出的意见或观点，这会让你成功地得到领导的赏识。而不说坏话就是不要当着众人的面说领导的不是，尤其是缺点或隐私，你要记住，办公室的任何一个人都有可能将你的话添油加醋地转告给领导，到时候你就得吃不了兜着走。

2.宜委婉说话，不宜直接

在一个活动或会议上，如果领导无意中说错了一些话，或是做错了一些事情，作为下属，你只需要委婉地指出即可，千万不要当着众人的面直接指出，这会驳了领导的面子。即使你是出于好心，领导也会对你心存芥蒂，更别说赏识于你了。

汇报工作，准确全面反映情况

在日常工作中，对于下属来说，不可缺少的环节是向领导汇报工作。有时候汇报工作是当众的，有时则是私下的，在这里我们主要针对的是当众汇报工作的情况。汇报工作主要是为了让领导获得准确有效的资料，以便正确地作出决断。

人们经常感叹，某位领导拥有不凡的判断力和决策能力，事实上他们的判断正是建立在对客观现实的了解上，以及对下属工作的掌握上，而这些都是通过下属向领导汇报工作实现的。所汇报的内容应大多是领导所关心的，由于领导的时间是很有限的，因此，很多自己能力范围之内可以处理的陈芝麻烂谷子、程序既定的工作，没有必要统统汇报。如果你事无巨细地汇报，即便你各方面的工作都做得不错，也有邀功之嫌。

在公司的周例会上，张经理向上级领导汇报工作：

"我需要向您汇报几件事情：第一件事是公司最近人员变动情况，最近公司人员变动比较频繁，生产车间走了6个人，电工走了2个，机修工走了3个，行车工走了2个，包装工走了2个，仓储走了2个，财务部的会计小黄最近也有离职倾向。这是公司员工离职的情况。"

"第二个事是绩效考核的事情，上个月的绩效考核结果已经出来了，汇总表已经做出来了。总体来看，上个月的考核结果不理想，大家打分都没有拉开差距，最多也就差5分。各部门经理在对待考核工作的态度上也有问题，只是把人力资源部下发的表格填满了，却没有真正履行辅导的职责，没有帮助员工进一步认识绩效考核指标的内涵，也没有投入更多的精力帮助员工提升技能。这些问题的存在，会影响公司绩效考核工作的推进，时间久了怕又流于形式了，跟您汇报一下，希望您能抽时间关注这个问题。"

"第三个事情是本月的培训工作，前段时间您安排我找几家培训机构给经理层作培训，我已经找了几家，也列了一些培训科目，请您过目。"

领导回答说："看来你们部门最近的工作还是挺忙的，我有几个问题想问你。你说的第一件事情是员工离职问题，我想问你，为什么最近一段时间员工离职率会这样高？什么原因？"

……

对于张经理的工作汇报情况，领导是这样评价的："他只知道抓具体工作，没有总的工作方向，我说什么，他就做什么，属于拨一拨动一动的那种。每次汇报工作时，我告诉他要给我结果，但他总是跟我陈述事实，始终不能提出有效的解决问题的思路。还有最让我不能忍受的是，每次汇报工作都说一大堆，没有重点，我也搞不清楚他想表达什么。"如果你再回过头来看看张经理汇报工作的内容，那你会发现领导的评价是恰当的。

汇报工作是一种经常性、基础性的工作，是向领导反映一个工作阶段或一项具体工作的进展完成情况，使领导全面、准确、客观、真实地掌握下级各单位部门的工作落实情况。

🎤 TED演讲箴言

汇报工作最重要的是提出解决问题的方案而不是简单地陈述事实，而在语言方面也需要注意如下几个问题：

1.语言要有针对性

在汇报工作时，你需要针对汇报工作的主体和目的展开发言，需要搞清楚领导最重视什么、最想听什么，围绕这个组织语言才能激发出领导的兴趣。除此之外，你还需要了解领导的思维特点和语言风格，让你汇报工作的语言与思维更贴近领导。

2.语言要简洁

当众向领导汇报工作，时间是极为有限的，因为还可能有别的同事也需要汇报工作。因此你不能太过详细地罗列理论方面的东西，给领导造成听觉疲劳。尽量少用或不用概词、概数，牵涉到具体事项和对象的性质、数量的时候，应尽可能地少用"部分""有的"等不确定性词语。

面对领导，说话要拿捏分寸

在领导在场的某些场合，当众说话更需要拿捏好分寸，作为下属，你应该随时通过话语展现出自己对领导的尊重，尽量保持领导者本身的威信

和权威。我们之所以特别强调公众场合，那是因为越是人多的地方越是需要保持领导者的尊严。

如果当众说话失去了应有的分寸，如极力与领导争辩，甚至拍案而起，或者随意跟领导开玩笑，将会让你的职场之路陷入死胡同，可能你的职场之路会就此走到尽头。我们应该明白，当众给领导难堪，这比你私底下跟领导大吵一架更严重。在公众场合，领导的面子、威信以及权威才是最重要的。

唐朝贞观年间，有一次，魏徵在上朝的时候，与唐太宗争得面红耳赤，唐太宗实在听不下去了，想要发作，又怕在大臣面前丢了自己接受意见的好名声，只好勉强忍住。等到退朝以后，唐太宗憋了一肚子气回到内宫，见了妻子长孙皇后，气冲冲地说："总有一天，我要杀死这个乡巴佬！"长孙皇后很少见太宗发这么大的火，问他说："不知道陛下想杀哪一个？"唐太宗回答说："还不是那个魏徵！他总是当着大家的面侮辱我，叫我实在忍受不了！"

虽然，最后唐太宗在长孙皇后的规劝下，知晓了事情的利害，以自己宽大的胸怀包容了魏徵的直谏。但是，我们不难看出，上司对一个与自己争辩的下属是相当厌烦的，毕竟并不是每一个上司都能做到唐太宗那样虚怀若谷。

因此，作为下属，我们应该时刻牢记自己所处的位置。如果真的需要提出不同的意见，我们也应该选择恰当的时机，以幽默的方式提出来，懂得维护上司的自尊心，诙谐而富于策略地提出反对意见，这样上司才会乐于接受。

刘备进入蜀地之后，曾经与益州的刘璋在富乐山相会，当时正好碰到了刘璋的部下张裕。刘备见张裕面脸胡须，就开玩笑说："我老家涿县，姓毛的人特别多，县城周围都住满了毛姓人家，县令感到奇怪，就问，'诸毛为何皆绕涿而居呢？'"在这里，刘备巧将"涿"借指为"啄"，意在取笑张裕那张被一脸黑毛遮住的嘴巴。

不料张裕回敬道："从前有个人先是任上党郡潞县县长，后来又迁至涿县做县令。有人正好在他上任前回老家探亲时给他写信，一时在称呼上犯了难，不知称他为'潞长'，还是'涿令'，最后只好称他为'潞涿君'。"在这里，张裕也巧妙借此取笑刘备脸上无毛，这一番话立即引得满座哄堂大笑。当时，他们两人不过是开开玩笑，张裕并不在意这件事，刘备却因自己处于下风而一直耿耿于怀。

后来张裕投到刘备麾下，刘备竟找了个借口，要杀张裕。诸葛亮请刘备宣布张裕罪状，刘备说不出什么理由来，竟称："芳兰当门而生，不得不锄去也。"

在公众场合，张裕对刘备的玩笑进行回敬，当即给了对方一个小小的难堪。他原以为这不过是为和谐气氛而开的玩笑，孰料刘备心眼比较小，一直因自己处于下风而耿耿于怀，于是张裕就这样因为一句玩笑话而掉了脑袋。

🎤 TED演讲箴言

在领导面前的公开说话，我们需要注意以下几个问题：

1.不要随意开玩笑

我们不可否认玩笑有它的作用性，如果你能够把握得当，它在很多时候都能够起到活跃气氛、缓和现场的紧张感和生疏感的作用。但这样的适度玩笑也须使用在合适的时间、合适的地点、合适的环境以及合适的对象身上，才能产生出这么大的作用。相反，若是在公开场合拿领导开玩笑，

那会让领导失去面子以及权威，自然也会给自己带来不利的影响。

2.不要当众与领导争辩

"不要争辩"被写入了许多权威的行为准则中，无论是做企业，还是用人，都不需要争辩中的对立情绪。明智的上司欢迎不同的意见，但是，他们反对将时间花在无谓的争辩上。

当然，"不要争辩"并不是说下属需要无条件地接受上司的观点，而是强调下属不要对上司产生对立情绪，尽量以温和的方式来提出自己的意见。

3.不要当众提意见

即便你觉得领导在工作方面的一些措施不太恰当，也千万不能当众提出来，否则会让领导失去面子。敢于提出不同的观点是好的，你大可以私底下委婉地向领导提出来，相信他是乐意接受的。

职场讲话，需要注意语气方式

语气是实现语言主体对象化的重要手段之一，在很多时候，语气常常能够触动听众的内心，影响其心理，而且一个人的语气往往会随着说话对象的不同而变化。另外，语气还可以表达明确的情感信息，有关资料显示，语气在表意方面往往会产生意蕴言外的特殊功效。在职场中公开说话时，我们需要注意自己的语气，因为恰当的语气会大大地增强语言的表现力，让语言更容易深入人心。

语气包含思想感情、声音形式这两方面的内容，因此我们可以把语气理解为具体思想感情支配下的语句的声音形式。如果说语音是语言的物质外壳，那么语气就是表达所必须依据的支持物。在现实生活中，我们说话都离不开语气，在一句话中，我们不但要注重遣词造句，还需要考虑用怎样的语气表达，这样说话才准确、鲜明、生动，更容易触动对方的内心。

在《三国演义》长坂坡之战中，曹军轻军前进，曹纯率精骑五千追击刘备。危急之时，张飞杀入曹军阵内，保护刘备且战且退。赵云负责保护刘备家小，奋勇冲杀中，却不见了刘备的两位夫人和幼子刘禅。赵云又拍马单骑杀入重围，在伤兵的指引下，找到了甘夫人，杀死曹军部将后又救下糜竺，便命糜竺保护甘夫人退到长坂桥东岸。接着，赵云再次奋勇杀入敌阵，在一堵土墙下找到了身负重伤、怀抱着刘禅的糜夫人。赵云下马请糜夫人上马，糜夫人不同意，将刘禅交给赵云之后，转身投入身后的枯井。这时，有手下对刘备说："赵云北投曹操去了。"刘备表示绝不相信："子龙不弃我走也。"果然，不一会儿赵云就抱着刘禅赶了过来。

赵云大战长坂坡，九死一生救出少主刘禅，当他从怀中把仍在熟睡的刘禅抱给刘备时，刘备接过来就把孩子摔到地上，对赵云说："为汝这孺子，几损我一员大将。"赵云感激泣拜说："云虽肝脑涂地，不能报也。"

刘备通过摔孩子这一动作，再加上后面带着极其痛心的语气说话，竟然让赵云跪拜在地，表示自己无以回报主公的心情。想要成为一个卓越的说话者，你就要善于通过使用恰当的语气向上司或同事传达自己内心的想法，这样才能真正地感动对方，成功地与之建立起融洽的人际关系。

通常来说，在公开说话中，我们的语气可以影响听众的情绪和精神状态。当然，只有语气适应于听众，才能同向引发：比如，使用喜悦的语气，常常会引发听众的喜悦之情；使用愤怒的语气，常常会引发听众的愤怒之意。如果语气不适应于听众，就会异向引发：使用生硬的语气，常常会引发听众内心的不悦。

TED演讲箴言

我们在公众场合说话时，该如何通过说话的语气来打动对方呢？下面我们列举了几种适用于职场说话的语气：

1.肯定的语气

同事拿着刚完成的工作报告请你品评，希望得到的是赞赏与肯定。"写的是什么东西，我看简直是胡扯。""嗯，不错，比起上次已经进步很多了。"前者语气带着明显的不屑一顾，后者则带着真诚的赞赏，语气在这里传达了肯定、赞许的信息，更能触动对方的内心。

2.商量的语气

"去，给我把那份文件拿过来！""请你帮个忙，帮我把那份文件拿过来好吗？"前者语气传递的信息是冰冷、居高临下的姿态，这会伤害对方自尊心；后者语气所传递的信息是谦逊、平和、平等，更容易获得帮助。

3.鼓励的语气

一个员工在完成工作任务的时候，出了一些差错，同事用讽刺的语气说："这事情怎么会这样做呢，我说你简直是胡闹。"另一位同事则用鼓励的语气说："这事情有点不妥，可能你根本没有注意到突发的情况，希望你下次注意。"前者语气带有指责、嘲讽等信息，会让同事心生不快；后者则带有一种期望和鼓励，更容易打动同事内心。

第10章　即兴演讲，张口就来的技巧

即兴讲话，指的是一种在特定情景下实现没有准备的临场说话的口语样式。比如，领导出席某个宴会场合，被要求讲几句话，这样的场合是没有讲话稿的，关键在于瞬间构思，而后作一番小型的精彩演讲。

出语不凡，一鸣惊人

即兴讲话需要有精彩的开场白，出语不凡的开头能唤起听众的兴趣和求知欲，产生巨大的吸引力，从而紧紧抓住听众的心，让听众非听下去不可。另外，精巧的开场白可以画龙点睛地勾勒出话题的主旨，能自然顺畅地引领下文，将听众带进声情并茂的讲话情景中去，造成有利于接受说话内容的心理定式。一个好的开场白是很重要的，假如没有一个好的开头，想在整个讲话过程中始终做到轻松、巧妙的状态是很不容易的。

拥有讲话经验和讲话学识的讲话者，都很重视即兴讲话的开场白。其实，原因很简单，开场白是讲话者向听众出示的第一个同时也是最重要的信号，能不能抓住听众的注意力，引发他们听的兴趣以及积极性，就取决于这最初发出的信息。

一位监考老师在监考开始时说："同学们，考试就要开始了。大家都是久经沙场的老战将，对考场纪律、考试规则可以倒背如流，我就不再重述了。我作为一名监考者，既是一名服务员，又是一名裁判员。我将给大家提供最佳的服务，只要你举起一只手，必定回报'我来了'，不敢有丝毫的怠慢；但裁判员的身份又要求我是公正的，望我们互相关照，也希望

大家原谅我的公正和严厉。最后祝大家考出优异的成绩。"

这段开场白说得非常美妙，犹如和煦的春风，使学生紧张恐惧的心情平静下来，从而进入最佳的心理状态；又沟通了监考教师和学生的心，二者之间对立的情绪烟消云散，使学生树立起自觉遵守纪律的主人翁意识。

抗战期间，著名的作家张恨水在成都中央大学的即席讲话中说道："今天，我这个鸳鸯蝴蝶派的作家到大学来演讲，感到很荣幸。我取名'恨水'不是什么情场失意，而是因为我喜欢南唐后主李煜的一首词《乌夜啼》中的'恨水'二字，我就用它作了笔名。"

这种开头把自己的文学流派、性格、爱好，毫不隐瞒地介绍了出来，给人留下一种真诚、坦率的印象。

1938年，陈毅率新四军在浙江开华县华埠镇休整，当时一个抗日组织召开欢迎大会，陈毅同志在会上作了即兴讲话。会议开始，主持人称陈毅为"将军"，陈毅登上台，接过话头大声说："我叫陈毅，耳东的'陈'，毅力的'毅'。刚才主持人称我为'将军'，实在不敢当，我现在还不是将军，当然叫我将军也可以，我是受全国老百姓的委托，去'将'日本鬼子的'军'。这一'将'，直到把它们'将'死为止……"

这个开头信手拈过别人的话头，讲得自然风趣、幽默传神，抓住了听众的心理，讲得十分精彩。

🎤 TED演讲箴言

在实际的即兴讲话中，我们如何选择精彩而吸引听众的开场白呢？你可以采用下面几种方式。

1.顺手拈来式

顺手拈来式，就是接过别人的话头，顺势发表讲话。这样的即兴讲话可以连接前一位发言者的讲话，也可以顺势发表自己的见解。但是需要找到前面发言者和自己所讲话题的切合点才能巧妙地使用。

2.自我贬抑式

自我贬低式的开场白，可以使气氛更轻松活跃。开场白虽然采用了自我贬损，但效果正相反，不但表现了讲话人的坦率幽默、机智随和，而且备受听众的欢迎。

3.自我介绍式

即开头自我介绍，可以介绍自己的姓名、身份、职业、经历、爱好或表明自己的立场观点。这种开头形式给人一种诚挚、坦率的感觉。

4.开门见山

就是一开始就用高度凝练的语言把基本的目的和主题告诉听众，引起他们想听下文的欲望，然后接着在主题部分加以详细的说明和阐述。这是一种提纲挈领式的手法，可以立即进入正题，不迂回，不啰唆，不要任何多余的赘言。

如何巧妙选择话题

即兴讲话是当众说话的一种方式，说话者在出席座谈会、讨论会、协调会、工作会、参加一些礼仪活动，外出参观学习时，常常需要作即兴讲话。所谓的即兴讲话，也就是信手拈来，没有现成的讲话稿，也没有多少时间准备，容不得说话者深思熟虑，只能靠现场思索以及临场发挥，而且说出去的话就犹如泼出去的水，容不得半点掩饰和修改。因此，我们可以毫不夸张地说，即兴说话是对说话者心理素质、应变能力、说话水平、文

化修养等综合能力的考验。正因为这样，即兴讲话具有这样三个特点：突然性、临时性和不确定性。这让许多人对即兴讲话恐惧不已，他们根本不知道在各种场合该讲些什么内容。

文物收藏家邓先生曾向全国多所重点大学和省市级博物馆捐赠文物1300多件，在他的一次生日祝寿会上，某领导代表受赠单位并作为老先生的朋友发表了即兴讲话：

"今天我要送给邓先生两句话：'大德必寿，美意延年。'意思是说有高尚品德的人会得到长寿，心情愉快就能延年益寿。养生不仅是一种健身手段，更是一种人生哲学。邓先生平时自称'五乐老人'，即助人为乐、知足常乐、自得其乐、与众同乐、苦中求乐。我要说，你的'五乐'应当加上一乐——为善最乐，你是六乐老人！"

当时，在场许多来宾都是文化界人士，还有许多文物鉴藏家、教授学者，该领导在这里引用"大德必寿，美意延年"这样的文言古语，顿时彰显出浓厚的文化氛围，而且围绕了"祝寿"这个主题，又跳出了一般祝寿的俗套语言。这一番话说得老寿星心花怒放，后来还专门向这位领导登门致谢。

在一次大学同学入学50周年的纪念活动会上，几十位年过古稀的老人聚在一起，共叙半个世纪的相识、人生的酸甜苦辣，百感交集。在大会上，一位老同学十分感慨地说：

旧时候，人们常说："人生如梦"，这不无道理。但我觉得，就我们这一代人来说，似乎以"人生如歌"来形容更为恰当一些。从总体上来说，我们已经历过悲歌、情歌、颂歌、战歌、凯歌、牧歌等阶段。唱悲歌而不消沉，唱情歌而不沉迷，唱颂歌而不盲从，唱战歌而不冒进，唱凯歌而不忘挫折，唱牧歌而不忘恩情。

"人生如歌"使得这个即兴讲话不但有了话题，而且有了主题，又有了整体的思路，更不乏新意。即兴讲话作为当众讲话经常使用的一种讲话方式，它并非高深莫测，其本身是有一定的方法和技巧的。在发表即兴讲话之前，需要选择适当的话题，从而胸有成竹，顺利完成发言。

🎤 TED演讲箴言

如何巧妙地选择即兴讲话的话题呢？

1.选择借题发挥的话题

如果实在没有什么话说，或者是讲不下去了，你也可以选择一些借题发挥的话题。在活动中，你可以借人名、地名、前者的讲话内容、活动的氛围、自然景物等，只要是符合这个活动的主题，就可以放心地使用。

2.选择与主题活动相关的话题

任何一个活动或会议都有自己的主题，即兴讲话就需要围绕这个主题，否则会令人不知所云，甚至会偏离整个活动的方向。当然，讲话除了需要顺应当时的语言环境以外，还需要按照听众的特点——包括文化素养、思想水平、性别、年龄等来选择一个话题。

3.选择有新意的话题

即兴讲话讲得好不好、是否有水平，主要取决于讲话有没有新意，话题是否给人以耳目一新的感觉。假如你总是老生常谈，讲来讲去就那么几句老话，听众就觉得厌烦。因此，在选择话题的时候，需要独辟新径，不要将别人讲过的话题拿过来再说。

4.选择听众感兴趣的话题

讲话的对象是听众，讲话的效果如何取决于听众的反应。因此，当你选择话题的时候，还需要考虑这是不是听众喜欢听、感兴趣的话题。假如听众根本不感兴趣,即便你说得有多么精彩,也没人愿意听。所以,即兴讲话要尽可能地选择一些与听众关系紧密、听众熟悉,同时能给人启发的内容作为话题。

即兴演讲,需要瞬间构思

讲话者在宴会或集会上的即兴讲话,比拿着稿子的讲话更难。因为写文章可以反复推敲,定稿以后才发表;而讲话就有"一言既出,驷马难追"之虞。即兴讲话容不得深思熟虑,斟字酌句,全靠演讲者思维敏捷地临场发挥,这就增加了即兴讲话的难度。

因此,你在讲话之前就需要快速地作好准备,以便于在讲话时能轻松自如地运用,而这些准备的内容包括:话题、语言、中心等。但整个构思过程的时间是很短的,有可能是几分钟,甚至是几秒钟。这时所考验的就是讲话者本身的应变能力以及思维能力,但仅仅凭着这些能力还不足以应付即兴讲话这样的场合,还需要具备一定的方法和技巧。

考场,检验你水平的地方。你会什么,不会什么,付出了多少努力,可在考场中一览无余。朋友,你想过没有,生活也在不断地对你进行考试,无论何时,无论何地。曾经听过这样一个真实的事:某老师故意在考场门前放了一只黑板擦,观察有哪位同学能捡起它。有的人慌慌张张跑入考场,根本没有留意到有一只黑板擦;有的人看到了,把脚轻轻一抬,视若无睹地跨过去了;有的人对着挡路的黑板擦骂了一句,泄愤地踢了一脚,大步走过去了。没有一个人想到捡起这只黑板擦。这也是一个考场,是一次没有试卷的考试。考试的结果是:所有人都不及格。

这样的考场，这样的考试，有意无意之中，你经历了多少次呢？从童年到少年，从青年到成年，你成长的每一步，都要经历一个个考场！只是成绩不是用笔写就的，而是你自己的行为写成的。在你学走第一步路时，在你学说第一句话时，在你学会写第一个字时，在你经历第一件事时，你亦经历了一次次考试。不经意中，我们经过了无数次考试。或成功，或失败，或跌倒，或胜利，你都是在面对生活中一次次考试，并从中磨炼自己的才干和人格。

这篇即兴讲话，篇幅不长，在正式讲话时估计只需要花两三分钟就能讲完，但允许构思的时间是很短的。虽然即兴讲话的准备时间不多，但不管怎么样，都应该围绕话题，快速地在大脑中构思一个简单的讲话提纲。比如，开头怎么讲，讲些什么；主体部分讲几个观点，把观点概括好，用关键词、关键句将其列出来；如何结尾等。

🎤 TED演讲箴言

如何才能快速地构思讲话内容呢？

1.确定好主题

对于有经验的讲话者来说，在讲话之前的短时间里，可以按照活动现场的相关情况来确定好讲话的中心内容，决定先讲什么，后讲什么。而对于那些缺乏经验的讲话者来说，可以在讲话之前将自己的中心内容浓缩，归纳出几个要点，避免讲错或讲漏了。

2.概括出观点

在即兴讲话中，观点主要是用来证明话题的，是为话题服务的。因此，在讲话时要有正确、鲜明、集中的观点。而那些与话题无关的观点，会让整个讲话偏离活动主题；那些与话题相悖的观点，则会让你的讲话自

相矛盾。即兴讲话的核心就是观点，这一个或几个观点将贯穿于讲话的始终，并起着纲领性的作用。

3.组织好语言

语言是即兴讲话的基础，假如我们能够概括出句群，那联系几个句子就可以成为一段话，这样一来，腹稿就出来了。比如，在讲话之前，你需要考虑：这次活动很重要；活动的特点；突出抓好几个环节；切实抓好落实。只要考虑好这些问题，然后你就可以冷静地边想边讲，将整个讲话分成几段，每段分为几条，并围绕这几条展开联想，或适当补充，如此，你就可以有条不紊地进行即兴讲话了。

4.运用事实、材料分析

即兴讲话无法事先作充分的准备，完全依靠随机应变。而运用一些事实、材料分析，无外乎两个方面：一是讲话者平时的积累；二是眼前的人和事。无论哪方面的材料，都要尽量选用说明观点有力的材料。材料是作为论据来说明观点的，因此要注意选择那些能够反映观点、支持观点、说明观点的材料。只有这样的材料，才能与观点有机统一，使观点更加形象、更加有说服力。

即兴，并不意味着随意讲话

虽然即兴讲话是临场发挥的讲话，但并不意味着你可以随意地讲，东拉西扯，因为这样无法突出讲话的中心观点。在讲话时，观点要集中，与话题无关或关系不大的不讲；在所需要表达的几个观点中，需要有先后之分、主次之别，抓住主要的观点进行详细阐述。

在活动现场，大多邀请者通常会表示："你就随便说几句简单点的。"结果，被邀请的讲话者就真的以为只是让自己随便说几句，于是简单、随意地讲了几句，而所讲的内容跟主题却是八竿子打不着，听众也根本听不懂他到底在讲什么。

我国著名诗人公刘，1987 年3月以中国作家代表团团长的身份率团访问西德，访问结束时他即兴发言：

我们今天下午冒雨参观了斯科滨的许许多多值得自豪的文化设施，特别是那些为农民和农业工人服务的文化设施。我要说一切都很美好，一切都像图画。然而其中最令人难忘的要数那座利用羊舍改建而成的俱乐部了。我是诗人，这座羊舍使我不费气力地获得了一首诗。我认为，这首诗的产生是十分自然的，因为这一把旧羊舍变成新俱乐部的主意的本身，就是诗的构思……请诸位猜一猜，我在那座旧羊舍里想到了什么？我想到了希腊神话中的著名的金羊毛的故事，金羊毛不仅象征着意志，还象征着冒险和对幸福的追求……你们的金羊毛，却不用寻找，准确地说，是已经找到了，它就在你们身边，就在那座改建成为俱乐部的羊舍之中！在那儿，看上去固然是没有羊只了，实际上却一直豢养着身裹纯金毛皮的羔羊！请看一看四面墙上挂满的奖旗和纪念品吧，请看一看孩子们脸上荡漾的微笑吧，正是看到这些，我才特别地激动，我仿佛全身心地熔化在一首好诗之中。现在我提议，我们中国代表团向好客的德国主人、向我们德国主人令人羡慕的金羊毛敬酒！干杯！

公刘以中国作家代表团团长的身份率团访问西德，访问结束的时候他发表了即席发言。他主要讲了观感，并对西德那座利用羊舍改建而成的俱乐部进行了赞扬，观点鲜明，并且用诗一般的语言来进行赞扬，感情真挚，语气谦逊，用词优美。

与所有的讲话一样，即兴讲话也需要突出鲜明的观点。在整个讲话过程中，你主要表达的观点是什么，是对此次活动的赞扬，还是对此次活动提出的意见，这些都需要旗帜鲜明地表达出来。这样才会让听众明白你讲话的主旨是什么，你所表达的思想是什么。

TED演讲箴言

我们在实际讲话过程中，在提炼观点时需要注意哪些问题呢？

1.提炼出与主题相契合的观点

即便讲话中观点鲜明，但如果这些观点偏离了活动的主题，那也是不合适的。在即兴讲话的准备工作中，首先需要考虑的就是紧扣主题提炼出几个观点，至少应是与主题相关联的内容，这样才会让听众觉得你的讲话是符合活动主旨的。

2.观点要鲜明，不能模糊不清

有的人在即兴讲话中虽然提出了几个观点，但是模糊不清，讲来讲去也不知道到底说了几个观点，听众也如同坠入云里雾里。对此，提炼观点时一定要考虑这个观点是否鲜明，是否能够说明问题，否则就会让即兴讲话变得随意。

3.利用"三点论"

在即兴讲话的时候，为了让听众一目了然，你可以利用"三点论"，明确地指出你所表达的观点是什么。比如，"我发表三个见解" "我就三方面谈一下自己的心得" "我讲三个事例" "我们的任务是分三步走"等。利用三点论，可以让我们边想边讲，边讲边想，有利于我们组织语言，避免思维混乱的情形发生。

寥寥数语，突出重点

即兴讲话有一个明显的特点是：突出重点，篇幅短小精悍。即便你准备好了长篇大论，也没有多余的时间留给你讲话。在许多活动场合，即兴讲话通常都是很短小的，有的会花上三五分钟，有的则只是寥寥数语，因为讲话只是为了迎合活动的需要，换句话说，就是务必突出重点。千万不要觉得自己口才水平还可以，逮着时间就开始长篇大论，唯恐那几句语言无法表达出自己内心的思想。

实际上，即兴讲话通常是在活动或会议现场进行的临时讲话，这意味着讲话并不是整个活动的主旨，而只是活动或会议的一部分，如果你占据了太多的时间来即兴讲话，那无疑是本末倒置，听众也会对你那自以为了不起的讲话感到很厌烦。

1950年6月2日，法国驻德大使朗索瓦·庞赛在两国市长参加的联席会议上的讲话：

联邦主席先生，市长先生，法兰西的市长先生们：

我以十分愉快的心情接受德法两国市长会议的邀请，前来参加闭幕式，对能借此机会重游斯图加特感到高兴并表示由衷地感谢。

不瞒大家说，如果我回想起我第一次是怎样在贵国的城墙下度过的生活，我就无法抑制住内心的感触。联邦主席先生知道我这个人比较容易伤感。可是还有什么地方能比斯图加特这地方更令人感到舒适的呢？那次露宿城下差不多已经是半个多世纪前了。1902年，当我还是个年轻的中学生时，就来到过斯图加特这个神奇的地方。

……

由于我的独特经历，由于我对斯图加特独特的感情，所以，我始终把

德、法两国及两国人民的互相理解放在心头，作为大使，我要谋求的正是这一点。

初听这样的即兴讲话，人们可能会以为朗索瓦·庞赛花了太多的时间来回忆自己的过去，但是整个讲话只用了极短的时间，他在前面回忆自己曾在斯图加特的经历，以此为后面突出重点内容奠定基础，表达出"我始终把德法两国及两国人民的互相理解放在心头"的话题主旨。

当然，即兴讲话不需要长篇大论，也并不是说你只需要两三句话即可，根本不需要考虑什么重点。在即兴讲话中，讲话不仅要篇幅较为短小，而且要能凸显出重点。即使你的讲话篇幅很短，只简短地讲了几句，但若是胡乱闲扯，毫无重点，那这样的讲话也是失败的，吸引不了听众。

🎙 TED演讲箴言

在这里，我们可以说：即兴讲话其实就是浓缩的精华。

1.突出主题

无论在什么场合，什么时候的讲话，都需要有自己的主题，这个主题与现场的活动或会议是密切关联的。即使你只说了简单的几句话，也需要显现出话语的重点，或表达自己的心情的喜悦，或表达对当事人的祝福等。

2.将语言尽可能地浓缩

即兴讲话最多也就是几分钟，太冗长的讲话会令人生厌，毕竟大家还需要进行现场的活动或会议。因此，在发表即兴讲话之前，需要尽可能地浓缩自己的语言，做到言简意赅，只要能将话说到点子上，哪怕只有一句话也行。

兴之所至，有感而发

若是想即兴讲话能够有效地抓住听众的注意力，就需要融入风趣幽默的语言。有的即兴讲话是在灵感勃发时的讲话，这样的讲话通常发生在讨论会上、酒宴上、各种聚会上，偶尔也会在意外情形中突发遇到。这种即兴讲话大多风趣、幽默，讲话者可以通过别人的一席话来使自己展开联想，或者借景生情引出自己的思绪，达到风趣幽默讲话的目的，让自己的讲话趣味十足。

人们通常是在特定的场景中发表即兴讲话，为了让讲话变得有趣，不妨关注眼前的客观事物，从而让自己内心产生某种兴致而临时发表讲话。所谓"兴之所至，有感而发"，这样的讲话大多都是风趣而幽默的。

《正大综艺》节目主持人杨澜在1991年9月19日晚于广州天河体育中心主持演出时，在报完幕、下台阶时绊了一跤。杨澜灵机一动，说："真是人有失足，马有失蹄呀。我刚才的'狮子滚绣球'的节目滚得还不熟练吧？看来这次演出的台阶不那么好下哩！但台上的节目会很精彩的，不信，你们瞧他们。"

杨澜这几句话不仅让她自己摆脱了难堪，而且显示了她非凡的应变能力和口才，这就是一次成功的灵感勃发时的即兴讲话。

相比较那些枯燥无味的讲话，听众更青睐于那些风趣而幽默的讲话。本来，参加某种活动就是一件愉快的事情，如果在开始之前还来一番枯燥言语的讲话，那岂不是减少了活动本身带来的欢乐气氛？而若是参加会议，那就更需要有趣的即兴讲话了，会议本身是枯燥、呆板的，若是来一点有趣的即兴讲话，会在某种程度上让听众疲劳的大脑得到暂时的休息。

1945年5月4日，云南大学、中法大学等校的大学生，在云南大学的操场上举行纪念"五四"大会。会议开始不久，天便突降暴雨。一些学生

离开会场避雨去了，会场秩序大乱。这时闻一多迎着暴雨站在台上高呼："热血的青年们过来！继承五四精神的热血青年站起来！怕雨吗？我来讲个故事：今天是天洗兵！武王伐纣那天，陈师牧野的时候，军队正要出发，天下大雨，于是领头人说，'此天洗兵'。把蒙在甲胄上的灰尘洗干净，好上战场攻打敌人。今天，我们集合起来纪念五四运动，天下雨了，这也是天洗兵，不怯懦的人上来，走近来！勇敢的人走拢来！"

闻一多这段即兴讲话，成功地借用了"景"和"情"，以武王伐纣的故事，引发出"天洗兵"的壮志豪情，进而号召青年们继承"五四"光荣传统，经受暴雨的洗礼，做一个坚强的民主革命战士。这样的讲话既切景、切情，又切合大会的宗旨，颇具鼓动力、号召力，而且颇有些趣味，可谓是精彩纷呈。

🎙 TED演讲箴言

那如何让自己的即兴讲话变得有趣呢？

1.运用幽默

幽默是活跃气氛最好的武器，它可以缓解活动或会议现场的紧张、尴尬气氛，重新带来一种愉快的气氛，同时还可以展现说话者自身的涵养。

2.灵感发言

某领导在为文联作形式报告时，当他走上台来，一眼就看到了洁白的台布上放置着一个插着鲜花的花瓶，他小心地把花瓶移到台下，然后发表了这样一段话："我这个人作报告，很容易激动，激动起来就会手舞足蹈，这花瓶放在台上就有点碍手碍脚了，说不定我一激动，就把它碰翻摔破了，我这个普通干部还赔不起呢！"这种灵感勃发的即兴讲话，不仅活跃了气氛，而且委婉地批评了讲排场的风气，让听众在笑声背后领悟其中的深意。

第11章　辩论演讲，有力言辞说服于人

近两年，以辩论演讲为代表的节目《奇葩说》，以其不一样的视角独特的观点笼络了大批观众。上升到演讲辩论而言，一个出色的演讲者，他的演讲、情感，可以渲染整个氛围，其观点也能引起共鸣。

如何认识辩论演讲

辩论，也就是将对人进行考查后所作的鉴定加以认真分析，双方用一定的理由来说明自己对事物或问题的见解，揭露出对方的矛盾，以便最后得到正确的认识或共同的意见。简单地说，也就是当双方或多方围绕一个或几个问题产生了针锋相对的观点时，就需要展开一番讨论，以明确谁是谁非，而辩论就是口头议论的深入化和激烈化。在现实生活中，即便是对同一件事，由于个体的思想差异，人们的观点和看法也存在一定的差异，因此不可避免地会出现一些争执或辩论的场景。尽管我们可能天天都在参加与他人的辩论，但我们对真正意义上的辩论并没有足够了解。

据载，哥伦布发现新大陆后，一些人不服气，在庆功宴会上公开说："发现新大陆，有什么了不起？任何人通过航海都能到达大西洋彼岸，这是世界上最简单不过的事……"

对于这样的非难，哥伦布没有马上回答，而是从桌上拿起一个鸡蛋，说："先生们，这是一个普通的鸡蛋，谁能让它立起来呢？"鸡蛋在宴会者中间传了一圈，也没有人能把它立起来。当鸡蛋转回哥伦布手中时，他敲破了鸡蛋的一端，毫不费力地把鸡蛋立了起来。不服气的人顿时吵嚷了

起来。哥伦布说："这难道不是世界上最容易做的事情吗？而你们却做不到。是的，当人们知道了某件事情怎么做后，也许一切都很容易了。"

案例中的辩论演讲是一种自由辩论，在公开场合，两人由于意见不同而展开了辩论。哥伦布通过一个浅显的例子，揭示了深刻的科学道理，顿时将那些无视科学真理的人驳得哑口无言。

辩论中存在着持不同意见的双方或多方，因为有不同意见的双方或多方才能实现思想的交锋。一个人是无法与自己辩论的，头脑中的几种不同的想法作权衡和比较，这是思考而非辩论。辩论主要针对同类事物或同一个问题，假如双方谈论的话题不同，就不能实现有意义的辩论。比如，"法律是有阶级性的"和"法律是没有阶级性的"，如此两个不同意见的观点才能构成辩论，其中有一个是真的，有一个是假的，当需要争论谁是谁非时，必然会引起辩论。另外，辩论的双方或多方需要有共同的认识作为前提，诸如同一律、排中律等，如果没有这些共同的前提，辩论将会变成一种混战，无法得出正确的结论。

🎙 TED演讲箴言

了解了真正意义的辩论，下面我们给当众辩论分分类：

1.自由辩论

自由辩论，指的是人们在社会生活中看到或听到某些事物后对此产生了看法，并发表了议论，这时有人同意，有人反对，由此产生的辩论。自由辩论没有固定的地点，也没有固定的听众，也没有一定的规则。

总而言之，它是人们在社会生活中因意见的分歧自发产生的，而不是有意组织的。比如，在菜市场，两人因为某一件事而争吵起来，这也差不多算是自由辩论。由于其多方面的不固定性，因此它不能产生结果、分出谁是谁非，更多的情况是不了了之。

2. 专题辩论

专题辩论包括了法庭辩论、社交辩论、决策辩论、赛场辩论这四种形式。可以说，专题辩论是辩论最基本、最有意义的形式。首先专题辩论是有组织、有准备的活动，都是由主持者依据预定的程序组织辩论；其次是有明确的目的性；最后是都需要统一到正确的观点上来。

（1）法庭辩论。

法庭辩论是在案件审理过程中，公诉人、当事人、辩护人、诉讼代理人围绕犯罪事实能否认定，被告人是否实施了犯罪行为、是否应负刑事责任、应负什么样的刑事责任等问题，对证据和案件情况发表各自的意见，相互进行辩论，在法庭调查和各方充分发表自己对整个犯罪事实、情节、每个证据的证明力等的意见的基础上，对双方争论的焦点问题，作进一步的辩论。

各方在发表意见时，应提出申请，征得审判长同意后才能发表观点。在庭审中，双方辩论的机会是均等的。在辩论结束之前，审判长会征求各方是否有新的意见，若没有，才宣布辩论的最终结果。

（2）社交辩论。

社交辩论是在参加某种社交活动时，由于双方或多方的意见分歧而引发的辩论，这样的辩论大多由现场的听众作为审判者，然后经过双方或多方的激烈辩论，最终得出一个结论。

（3）决策辩论。

决策辩论大多是出现在领导身上，领导在制定各种决策的原则时有不同的意见，需要经过辩论才能得出正确统一的结论。比如，国家需要通行一个新的规章制度，就需要专门召开一个决策大会进行当众辩论，以此来

决定是否采取这个新的规章制度。

（4）赛场辩论。

这是一种人们自己组织的辩论形式，是有组织、按一定规则进行，围绕同一问题，由辩论双方陈述自己的见解、抨击对方的观点的一种团体演讲比赛形式。由于双方当面交锋、短兵相接，这种辩论可以有效地锻炼人的思维能力、应变能力以及口头表达能力，也很容易对听众产生较强的感染力和吸引力。

从容不迫，首先赢在气势

争辩犹如一场战争，激烈而雄壮，危机四伏，辩论的双方在不知不觉中被牵引到这个硝烟四起的战场，由于迫切地想赢得这场战争的胜利，他们的心情往往是急迫的，可能这一句话还没画上句号，下一句话已经在舌头上打转了。

实际上，与任何的战场都一样，辩论也需要镇定而从容的姿态，如果你表现得太急切，那你就会输得很惨。因为急切的心情往往会让我们失去理智，甚至阵脚大乱，在仓促之中，那些本来严密的话语就可能出现漏洞，那些本来可以好好利用的现实材料就可能被我们弄得一塌糊涂。即便最后的辩论结果尚未公布，你也已经在心理状态上输了一大截，而这将决定你最后的胜负。所以，在辩论中，千万不能太过于急切，而要保持从容不迫的姿态。

在法庭上，律师拿出了一封信问洛克菲勒："先生，你收到我寄给你的信了吗？你回信了吗？"洛克菲勒平静地回答："收到了，没有回信。"这时律师又拿出了二十几封信，逐一地询问洛克菲勒，而洛克菲勒都以相同的表情、相同的语调给予了回答："收到了，没有回信。"终于，律师控制不住自己的情绪了，暴跳如雷、不断咒骂。

结果出乎人们的意料，法庭宣布洛克菲勒胜诉，因为律师因情绪失控而让自己乱了章法。

人们急切的行为常常是出于内心的紧张、不安或太过骄纵，以至于他们十分迫切地希望能尽快结束辩论，这时候情绪成了他们最容易被攻击的薄弱点。通常情况下，一个人情绪不稳定的时候，也是其心理状态最差的时候，在这样的情况下，他常常会做错一些事情，或说错一些话，而对于我们来说，则恰恰为我们提供了战胜对方的机会。

基于急切心情给辩论带来的不利影响，我们必须善于克制自己内心的情绪波动，如果你认为自己紧张、不安，那么你需要克制自己；如果你认为自己完全有把握战胜对方，那么你更需要克制自己。因为，若是求胜的心情太急切，稍有不慎就会让自己的语言出现漏洞，以至让对方有机可乘。

记者问周恩来总理："中国现在有四亿人，需要修多少厕所？"这纯属无稽之谈，可是，在这样的外交场合，又不便回绝，周总理轻轻一笑回答道："两个！一个男厕所，一个女厕所。"这时周围的人都忍不住笑了起来。

在辩驳美国记者所提问题的整个过程中，周恩来总理始终面带微笑，从容不迫，不气不恼，不急不躁，这首先在心理素质上就战胜了对方；再加上风趣而毫无破绽的言辞，就这样轻松地让那些不怀好意的记者自己败下阵来。

TED演讲箴言

在实际辩论中，我们如何做到从容不迫地说话呢？

1.学会控制自己的情绪

约翰·米尔顿说："一个人如果能够控制自己的激情、欲望和恐惧，那他就胜过了国王。"有时候，情绪不仅是心灵健康的庇护神，它对我们决胜的关键时刻也异常重要。

在辩论中，不管是内心的紧张、不安情绪，还是迫切求胜的心情，我们都要学会克制住它们；将全部的精力转移到辩论这个事情上来，保持绝对的镇定姿态，从容地阐述自己的观点，以强大的心理优势战胜对方。

2.保持清晰的思维

在辩论过程中，任何时候都需要保持清晰、镇定的思维，哪怕你被对方说得哑口无言，也不要慌张，更不能仓促开口。虽然，在辩论中要求快速的应变能力，但在开口之前，还是需要思考一下，这些话语能否起到作用、是否利于辩论。

引用材料，事实胜于雄辩

古人曰："君子纳于言，而敏于行。"意思是，事情的真实情况比强有力的论辩更有说服力。在很多时候，即便我们的言辞多么有力，但如果缺乏事实的依据，那也是空有其表，根本发挥不了作用。与此相反，在某些时候，即使没有过多的言辞，但只要据实叙述了一件真实的事情，也会有相当强的说服力。从这里可以看出现实材料的重要作用。因此，在实际辩论中，我们要多作事实辩论，尽可能地使用较多的现实材料，增强语言的说服力，以此驳倒对方。

俗话说："事实胜于雄辩。"对于那些以偏概全的诡辩，我们只需要列举出一个与其结论相反的事例，就可以对对方的言论进行反驳。因为同素材的两个判断不可能同时是真的，假如举出一个反例，其中一个是真的，那另外一个也就不可能是真的了。

周总理在反驳"一个国家向外扩张，是由于人口过多"这个谬论时，便是以真实的情况来作辩论，他说："英国的人口在第一次大战前是45000万人，不算多，但是，英国在一个很长的时期内曾经是'日不落的'殖民帝国。美国的面积略小于中国，而美国的人口还不及中国人口的三分之一，但是美国的军事基地遍于全球，美国的海外驻军达150万人。中国人口虽多，但是没有一兵一卒驻在外国的领土上，更没有在外国建立军事基地。"

如此言之凿凿，让整个辩论变得雄辩有力。

在辩论中应多用现实材料，也就是通过摆出事实、讲道理来说明自己的观点和主张。所谓摆出事实，就是用事例来证明自己的观点，你可以用古今中外的典型事例，这种方式是辩论中最常用的方法。那些典型有力的事实论据，比一般的说理更强有力。在辩论中选取一些典型的事例作为论据，无疑会增强言语的说服力。

赵国的平原君很喜欢结交有能力的人，门下的食客常有几千人。其中有一个人叫公孙龙，他擅长辩论，因此被平原君尊为座上宾。孔穿从鲁国来到赵国，与公孙龙辩论"藏有三只耳"的命题。公孙龙论证藏有三只耳，而且论证得异常雄辩，孔穿没说话，不一会儿，他就告辞了。

第二天上朝的时候，平原君对孔穿说："昨天公孙龙的辩论很精

彩。"孔穿说："是这样，几乎能让藏有三只耳朵了。虽然如此，但还是难以成立的。我想问问你，论证藏有三只耳朵难度很大而事实并非如此，论证藏有两只耳朵很容易而事实就是这样——不知道您将听信容易论证且事实正是这样的观点呢，还是听信论证难度大而事实并非这样的观点呢？"平原君听了没有回答，次日他对公孙龙说："您不要再和孔穿辩论了，他的道理胜过言辞，而您的言辞胜过道理，最后肯定占不了上风。"

很多时候，事实所表现出来的比言辞本身的力量更大。如果没有事实依据的支撑，即便你把话说得天花乱坠，也发挥不出半点作用。反之，哪怕你只是用最平实的话来论述事实，也可以让简单的语言爆发出不一样的威力。

🎙 TED演讲箴言

我们在收集现实材料的时候，应该注意哪些问题呢？

1.现实材料是为论点服务

我们应该清楚，所收集的现实材料是为论点服务的，如果你选择的事例不能证明论点，甚至与论点相反，那不仅起不到论据的作用，还会给整个辩论带来不利的影响。所以，我们选取现实材料时需要考虑是否可以有力地证实论点，千万不能牵强附会。

2.选择真实、确凿的现实材料

我们所选取的现实材料需要是真实的、确实存在的，而不是道听途说的，更不能随意杜撰，对于那些模糊不清的东西不能自以为聪明地胡乱使用。否则，听众会怀疑你论据的真实性，而材料产生的作用也会大打折扣。

3.选择新颖的现实材料

通常那些典型的具有代表性的事例能雄辩地证明自己的观点，说服力也更强。因此，你所选取的现实材料应该是新近发生的例子，力求给人耳目一新的感觉。那些陈旧的事例，虽然也有一定的代表性，但说得多了，也就枯燥无味了。

4.简要引用现实材料

在论述现实材料的时候，语言要简单，因为你所选取的现实材料是为了证明论点而用的，只需要证明论点即可，否则会犯了喧宾夺主的大忌。

稳、准、狠，辩论言辞要犀利

一场辩论赛就如同打仗一样，你向对方发出的利箭，需要又稳、又准、又狠，如此才能狠狠地打击敌人，使其败下阵来。而这样的方式若是用在实际辩论中，那就需要拿出言辞的力度，你反对对方的哪些观点，你以什么样的依据来反驳对方，是否能一下子说到问题的关键点，辩论是否有力等，这些都需要通过言辞来显现。

在辩论中，你的语言首先需要稳，所谓的"稳"，也就是你的语言要恰到好处地击中对方的要害，不偏不倚，而 "稳"的另外一个含义就是指你所依靠的材料是充分的，能够稳稳地驳倒对方；其次是"准"，你的语言表述要准确，不能说错一个字，若应该是"大多数"，你就不能表述为"全部"，不要给对方任何的漏洞；最后是"狠"，一语击中对方要害，语言要有力，而不能软绵绵的，如棉花一般，这样你只会永远处于下风。

当达尔文的进化论学说传播开来时，英国教会曾召开过一次辩论演讲会。会上，一位大主教突然对赫胥黎教授进行人身攻击。他说："赫胥黎教授就坐在我旁边，他是想等我一坐下来就把我撕成碎片的。因为照他的

信仰，他本来是猴子变的嘛！不过，我倒要问问，这个猴子子孙的资格，到底是从祖父那里得来的呢，还是从祖母那里得来的呢？"赫胥黎针锋相对地回答："我断言——我重复断言：要说我是起源于弯着腰走路和智力不发达的可怜的动物，我并不觉得羞耻；相反，要说我起源于那些自称很有才华、社会地位很高，却胡乱干涉自己所茫然无知的事物、任意抹杀真理的人，那才真正可耻！"雄辩的哲理使大主教瞪着大眼，无言以对。

有的时候，对方提出的观点太过尖锐、刺耳，那你不如也用同样尖锐的话来反驳他，给他有力的一击。在案例中，面对主教的讽刺、挖苦，赫胥黎针锋相对地作出有力的回答，最终凭借雄辩的哲理使大主教瞪着眼睛，无言以对。当然，在辩论中需要回击的时候，还应该注意措辞，一定在保持自己形象的基础上进行语言的有力反击。

毛泽东同志在1949年1月发表的《评战犯求和》中有这样一段话：

蒋介石说，"要知道政府今天在军事、政治、经济无论哪一方面的力量，都要超过共产党几倍乃至几十倍"。哎呀呀，这么大的力量怎么会不叫人们吓得要死呢？姑且把政治经济两方面的力量放在一边不去说它，单就"军事力量"一方面说，人民解放军现在有三百多万人，十倍就是三千多万人，"几十倍"是多少呢？姑且算作二十倍吧，就有六千多万人，无怪蒋介石总统要说"有决胜的把握"了。

在案例中，毛泽东同志按照蒋介石宣称的"几倍乃至几十倍"，运用以退为进的方法，先说"这么大的力量怎么会不叫人们吓得要死呢"，再说出解放军"三百万"的数字，然后按照"几倍乃至几十倍"推出蒋介石应有几千万的兵力，当然这是荒谬的。无疑，这样也就粉碎了蒋介石"有决胜的把握"这一说法。

🎤 TED演讲箴言

在实际当众辩论中，如何才能让自己的语言更有力呢？

1.逻辑要严密

辩论这场"战争"，需要说话者有严密的逻辑推理，不仅让自己的观点稳如泰山，而且让自己的反驳锋芒毕露，决若江河，让对手只有招架之功，而无还击之力。因此，在辩论中，言辞需要严密的逻辑推理而出，否则，你的言辞起不了多大的作用。

2.所掌握的资料要准确

在辩论中要做到"稳""准"，就意味着你说的每一句话都是准确的，如此才能彰显语言的力度。当然，既然言辞需要准确，那必然要求你所掌握的所有材料应该准确而全面，只有掌握了足够多的材料，你才能说出精准的言辞来。

出其不意，巧妙说服对方

《孙子·计篇》："攻其不备，出其不意。"意思是趁对方没有意料到就采取行动，也就是出乎于别人的意料之外。在辩论中，我们也可以利用这一招计谋，以出乎对方意料的言语制服对方。"出其不意"也就是不按照正常的逻辑出牌，有可能是借题发挥，有可能是顺势引导，从而说出一些在对方预想之外的言辞，令对方无法招架，这样所产生的效果是顺利地摆脱对方的言语限制。

在辩论中，如果按照正常的逻辑思维，当自己论述了一个观点后，人

们通常可以预想对方有可能会出现什么样的言辞。而出其不意完全跳出了这个圈子，那些话语完全是对方想不到的，也因为如此，正好打他个措手不及，令我们成功地占据上风。

有位演讲家在演讲结束时，台下有一名学生突然连珠炮似的向他发问：

学生：先生，您今天是第一次演讲失败吗？

演讲家：那当然是第一次啦。噢，你们当学生的怎么总爱问这个问题？

学生：演讲时，您觉得什么样的字音最容易说错？

演讲家：错。

学生：您演讲开始时，从来不说的是什么？

演讲家：结尾。

回答了学生的问题后，演讲家也来个出其不意，反戈一击：

演讲家：我方才讲的冷缩热胀的道理你懂了吗？

学生：懂了，先生。冬天白天短——冷缩；夏天白天长——热胀。

这时，台下的听众哄堂大笑，这位发问的学生这才知道说错和失败的是自己，不禁羞红了脸。

有时，面对对方攻击性的语言，你可以顺势引导，先回答对方的提问，然后反戈一击，出其不意地打倒对方的气焰。在案例中，演讲家面对学生的发难并没有生气，而是思路清晰地回答了他的恶意提问。但是当他回答完了，他也来个出其不意，反戈一击，使学生意识到说错和失败的原来是自己。

古希腊诡辩家讲过这样一则寓言：

有一位埃及妇女看到自己在尼罗河畔玩耍的孩子被鳄鱼抓住，就请求鳄鱼把孩子归还给她。鳄鱼当着众人说："如果你猜对我的心思，我就把孩子归还给你。"妇女说："我猜你不想把孩子还给我。"鳄鱼说："如果你猜得对，则根据你说话的内容，我不把孩子归还给你。如果你猜得不对，则根据约定的条件，我不把孩子归还给你。你或者猜得对，或者猜不对，所以我都不会把孩子归还给你。"

听了这样的话，妇女灵机一动，说："如果我猜得对，则根据约定的条件，你应把孩子归还于我。如果我猜得不对，则根据我说话的内容，你应把孩子归还于我。我或者猜得对，或猜得不对。所以你都应把孩子归还给我。"

鳄鱼本来想用一个不符合逻辑的推理来为难妇女，可没想到妇女也用了一个相反的同样不符合逻辑的推理来反驳它，出其不意，这样的反驳方式实在是巧妙极了。

🎤 TED演讲箴言

在实际辩论中，如何才能使出"出其不意"这一招呢？

1.借题发挥

在辩论中，当我们受到对方的攻击时，可以不直接从正面答辩，而是借助对方提供的话题进行还击，出其不意，从而改变辩论的局势。这种方式的关键在于"借"，在于能否借对方的话题为己所用，当然，这也取决于我们的辩论经验和思辨能力。

2.巧观对方岔开话题

在辩论中，当你发现对方岔开话题时，不需要打断，应让他继续说下去。如果对方是一时不小心而为之，那估计对方说不了多久就会自己发觉而显露窘态；如果对方是想到了另外一件事，那他察觉后，也会回到原来的话题之上；如果对方是有意岔开话题，那可能会继续这个话题说下去。

观察对方是出于哪种情况，如果是前两种情况，那你应适时顺应对

方，让对方将话题越扯越远，给对方出其不意的一击；如果是后者，则需要及时地返回原来的话题，出其不意地反驳其有意岔开话题的居心。

委婉含蓄，以柔克刚

老子有一次讲学，问他的学生是小草强大还是大树强大，学生说大树强大。老子又问，大风来了是小草先倒还是大树先倒，学生说大树先倒。老子问是牙齿坚硬还是舌头坚硬，学生说牙齿比较坚硬。老子说：我这个年龄牙齿不在了舌头犹存。"我这个年龄牙齿不在了舌头犹存"，通过这句话，老子阐述出"以柔克刚"的深刻道理。

在辩论中，能够快速影响对方心理的方法不是直截了当的方法，而是迂回曲折的方法。如果双方以硬碰硬，唇枪舌战，只会两败俱伤，而且难以驳倒对方，这时不妨运用语言的"太极术"，以柔克刚，从而达到自己的目的。强硬的语言说得再多，也只会让辩论越来越激烈，而并不能获得一个正确的结果。既然这样的说话方式并不能发挥出作用，那不妨说点柔软的话，试图与对方共同达成一个正确的结论。

亚伯拉罕·林肯出身于一个鞋匠家庭，而当时的美国社会非常看重门第。林肯竞选总统前夕，在参议院演说时，遭到了一个参议员的羞辱。那位参议员说："林肯先生，在你开始演讲之前，我希望你记住你是一个鞋匠的儿子。"林肯看看他，没有表现出愤怒的样子，而是深沉地说："我非常感谢你使我想起我的父亲，他已经过世了，我一定会永远记住你的忠告，我知道我做总统无法像我父亲做鞋匠做得那么好。"

听了林肯这一席话，参议院陷入了沉默，林肯又转头对那个傲慢的参议员说："就我所知，我的父亲以前也为你的家人做过鞋子，如果你的鞋子不合脚，我可以帮你改正它。虽然我不是伟大的鞋匠，但我从小就跟随父亲学到了做鞋子的技术。"然后，他又对所有的参议员说："对参议院的任何人都一样，如果你们穿的那双鞋是我父亲做的，而它们需要修理或改善，我一定尽可能帮忙。但是有一件事是可以肯定的，我无法像他那么伟大，他的手艺是无人能比的。"说到这里，林肯流下了眼泪，所有的嘲笑都化成了真诚的掌声。后来，林肯如愿以偿地当上了美国总统。

在这个案例中，林肯那番对父亲表达情感的言语使他赢得了所有参议员的尊重，而在关键时刻留下的眼泪，让他赢得了成功。如果林肯强硬地反击对方，那估计现场又是另一番景象，人们除了看到两人争论得面红耳赤以外，其余的什么都看不到，包括林肯的能力、才气。

《墨子·贵义》中有："以其言非吾言者，是犹以卵投石也，尽天下之卵，其石犹是也，不可毁也。"在辩论中，最忌讳的就是激烈地争论却毫无结果。如果每个人都以强硬的语言来表达自己的观点，那估计战争的硝烟都会弥漫整个辩论场面，这样非但不能得出一个统一的正确的观点，反而会让场面更激烈、更不可收拾。这时我们需要以柔和的言语来对付对方锐不可当的气势，以达到说服对方的目的。

🎤 TED演讲箴言

1.声调恳切

柔和的言语还需要恳切的声调，这样才更容易打动对方。比如，"天气这么热我花大价钱办一笔赔本的买卖，我也担不起这个责任，还希望你能够高抬贵手"，这样柔和的表达，对方很难拒绝。

2.适当示弱

在辩论过程中，我们需要以柔软的话语来克制对方刚硬的态度，以达到自己的目的。俗话说："软刀子更扎人。"这说的就是以话语来赚怜的说话技巧吧。

第12章　谈判演讲，灵巧策略赢对方

谈判演讲，往往只是小范围的演讲，通常谈判团队三至五人不等。但是，尽管是一个小范围的演讲，却占据着重要的作用，甚至比演讲本身更有价值，尤其是商业谈判，更是关系着交易是否成功的关键因素。

友好寒暄，奠定谈判基调

在正式谈判开始之前，双方所进行的就是寒暄、入座，有的人认为这不过是最简单的程序，不就是打个招呼、彼此入座吗？其实这样简单考虑的人往往会在这点上吃亏。谈判尚未开始，那就意味着整个谈判的基调都将从这里开始，气氛是缓和还是紧张，全靠那几句寒暄话。高明的谈判者往往能以简单的几句话就奠定良好的谈判氛围，而那些缺乏好口才的谈判者则通常是一两句话就让整个场面变得尴尬。因此，在谈判正式开始之时，作为谈判者，你要善于说几句好话，积极营造和谐愉快的氛围。

我们所说的寒暄，也就是打招呼，这是人与人之间建立语言交流的方法之一。通过彼此的寒暄，能让陌生的人相互认识，让不熟悉的人变得熟悉，让冷冷的气氛变得活跃起来，更为双方进行深入的交谈架设桥梁，达到顺利沟通的目的。

某领导在与英国女王及丈夫爱丁堡公爵正式会谈前的对话是这样的：

领导迎上前去，对女王说："见到你很高兴，请接受一位中国老人对你的欢迎与敬意。"接着，领导继续说："这几天北京的天气很好，这也是对贵宾的欢迎。当然，北京的天气比较干燥，要是能'借'一点伦敦的

雾，就更好了。我小时候就听说伦敦有雾，在巴黎时，听说登上巴黎铁塔就可以望见伦敦的雾。我曾经登上过两次，可是很遗憾，运气都不大好，没能看到伦敦的雾。"

爱丁堡公爵说："伦敦的雾是工业革命的产物，现在没有了。"那位领导风趣地说："那么，'借'你们的雾就更困难了。"爱丁堡公爵回答说："可以借点雨给你们，雨比雾好，你们也可以借点阳光给我们。"

领导几句话表明英国贵宾到来是天时地利人和，也点明了自己留学法国的经历，还表明了自己对雾都伦敦的认识和了解；而对方的回答则表示出英国环境治理带来的自豪感。至于借雨、借雾，是试探性的语言，双方就这样以友好的言语营造出了和谐的谈判氛围。

1984年9月，中国与英国关于香港问题的第22轮会谈在钓鱼岛国宾馆开始了。

中方代表周南和英方代表伊文思相遇就闲聊了几句。周南说："现在已经是秋天了，我记得大使先生是春天前来的，那么就经历了三个季节了：春天、夏天、秋天——秋天是收获的季节啊！"

这是中英历史上的一次重大谈判，双方在1984年秋天达成了协议，可以说，这是一个关键的时刻。在案例中，周南那几句话，巧妙地运用了暗示、双关的手法，利用交际的时期特征，也就是秋天的特点极其象征意义——成熟与收获，将我方代表诚恳的态度、殷切的希望、坚定的决心都含蓄地表达了出来，为后面顺利谈判营造了良好的氛围和条件。

🎤 TED演讲箴言

在实际谈判中，我们该如何通过话语来营造良好的氛围呢？

1.语言尽量委婉含蓄

不管你需要达成什么样的谈判目标，在与对方交谈时，都要尽量使用含蓄委婉的语言，以和为贵，力图为后面谈判的顺利进行营造良好的氛围和条件。有的人一见面就直言直语，心中的喜怒情绪暴露无遗，若是在这时说了一些破坏气氛的话，那肯定会对整个谈判造成极为不利的影响。

2.态度要诚恳

作为谈判的一方，在正式谈判之初，你需要通过语言表达出内心的诚恳，表示自己很愿意达成最后的协议，希望本次谈判能取得好的成果。只要对方感受到了你态度的诚恳，一般都会以同样的态度回应，这样和谐融洽的氛围就有了。

少说多听，谈判更有胜算

在谈判过程中，谁先开口说话，谁说的比较多，谁就有可能处于被动的位置。俗话说："商场如战场。"在谈判桌上，为了避免受到对手的攻击，人们总是千方百计地遮掩自己内心真正的想法，而"紧闭嘴巴"则成为掩盖自己心理的有效方法之一。

试想，若是你什么都不说，对方自然不知道你在想什么，你自然是胜券在握。反之，谁说的比较多，他暴露出来的信息就比较多，当然，他就只能处于被动位置了。因此，为了自己能占据主动位置，应该让对方先开口。更为关键的是，只有让对方先开口，你才能探得一些信息，在接下来的谈话中，你就能句句击中其心理了。

数年前，美国一家最大的汽车公司，正在接洽采购一年中生产汽车所需要的座垫布。消息一出来，立即有三家厂商把样品送去备选，这家汽车

公司高级职员验看后，要求每家公司各派一位代表前来商谈，再决定选购哪一家厂商的东西。

琪勃是其中一家厂商的代表，就在那一天，他却患了严重的喉炎。当琪勃先生和厂商去见汽车公司那些高级职员时，他竟哑了嗓子，几乎连一点声音也发不出来。他们被带进一间办公室，跟里面的纺织工程师、采购经理、推销主任和那家汽车公司的总经理都见了面。当琪勃站起来想要说话时，却只能发出沙哑的声音来。大家是围绕一张桌子坐着的，琪勃的喉咙发不出声音，只好用笔把话写在纸上："诸位先生，我嗓子哑了，不能说话，你们先说吧。"于是，其他厂商代表纷纷开始讲起来，每到一个厂商讲话的时候，总经理都会提出自己的某些看法。而坐在旁边的琪勃则会把那些信息记下来，再综合自己产品的信息。

等到大家都讲完了，琪勃开始嘶哑着声音说："大家都说得差不多了，我来说说我们公司的产品吧……"由于之前琪勃收集了经理反馈的一些信息，他已经知道了经理看重产品的哪些方面，不介意产品的哪些方面，因此，他避重就轻地谈了公司产品的相关特点，短短几句话，就赢得了经理的认可。当然，最后，这家汽车公司向琪勃订购了五十万码的座垫布，总价是160万元。

也许，这份订货单是琪勃至今为止经手过的最大的一份，但是琪勃很清楚，如果不是自己喉咙嘶哑，说不出话，他就会失去那份订货合同，因为他在之前对整个事情都有错误的观念。以前，他总是觉得自己越先开口越能掌握话语的主动权，但通过这次经历，琪勃发现，原来让别人先开口讲话是很有必要的。

如果对手不先开口，我们就无法详细地了解对方，自然也就没有办法谈成生意了。在谈判过程中，谁先开口，谁谈论的比较多，谁暴露的信息就比较多。而作为其对手，我们应该从其所谈论的话题中洞悉其心理，这样，在接下来的言语交锋中，我们才能对准其心理，达到谈判成功的目的。

TED演讲箴言

1.多提问

潜能大师安东尼·罗宾说过："对成功者与不成功者最主要的判断依据是什么呢？一言以蔽之，那就是成功者善于提出好的问题，从而得到好的答案。"在谈判过程中，善于提问是很有必要的，一个好的提问可以引发一次愉快的沟通，而一次愉快的沟通会让你获得更多的信息。

2.尽量让对手多说话

成功的沟通是尽可能地让对方多说话，当需要别人去赞同自己意见的时候，失败的根源往往在于话说得太多了，特别是一些推销员，他们很容易犯这个错误。其实，要想取得良好的谈话效果，你应该让对手多说话、表达出自己的意见，或者说，应该由你来问他问题，让他来告诉你一些事情，这样你才能搞清楚对手到底在想什么。

激将法，逼迫对方乖乖就范

通常情况下，一个人的行为不仅受理智的支配，同时也受感情的驱使。在谈判过程中，我们可以妙用激将法，用话语促使对方放弃理智，凭着一时的感情冲动去作出一些决策或决定。假如我们想达到一定的谈判目标，而谈判对手又是一个心浮气躁的人，这时用激将法是最合适不过了。

谈判中运用激将法，即用语言激怒对方，刺激对方的自尊心和虚荣

心，使其理智程度降到最低，从而实现我方的谈判目标。比如，"不是我小看贵公司，估计你们压根就拿不出足够的资金来购买咱们的产品，我即便是再降价，你也只是说说而已"，任何一个谈判者听了这样的话都会怒火攻心，在这样的情况下，他很容易为了证明自己的能力而作出不利于自己的决策。当然，我们也就能顺利达到自己的目的了。

某橡胶厂有价值200万元的进口的现代化生产设备，但由于原料与技术力量跟不上，搁置了4年都没有使用。后来，新任的厂长决定将这套设备转卖给另外一家橡胶厂。在正式谈判之前，该厂了解到对方经济实力雄厚，但资金基本上都已经投入了生产，如果要马上拿出200万元来添置设备，有很大的困难。还有就是对方厂长年轻好胜，从来不甘示弱，经常以拿破仑自诩。了解到这样一些情况后，橡胶厂派了张小姐作为谈判代表前去进行洽谈合作。

谈判桌上，张小姐说："昨天在贵厂转了一整天，详细地了解了贵厂的生产情况。你们的管理水平确实令人信服，您年轻有为，能力非凡，真让人钦佩。"那位厂长谦虚地回答："哪里哪里，我向小姐致意，并恳切希望得到小姐的指教。"张小姐回答说："我向来不会奉承，实事求是是我的本性，贵厂今天办得好，我就说好；明天办得不好，我就会说不好。"

那位厂长说到了设备的事情："小姐对我厂设备的印象如何？不是说有一套现代化设施的设备卖给我们？"张小姐回答说："贵厂现有生产设备，在国内看，是可以的，至少三五年内不会有什么大的问题。关于转卖设备的事，只有两个疑问：第一，我怀疑贵厂真有经济实力购买这样的设备；第二，我对贵公司是否有或者能招聘到管理操作这套设备的技术人员表示怀疑。"

对方厂长听到这些，觉得受到了轻视，十分不高兴，他炫耀地介绍了自己橡胶厂的实力，当即答应买下那价值200万元的设备。最终，张小姐成功地将"休息"了4年之久的设备转卖给了那位厂长。

在现代谈判中，运用激将法赢得谈判成功的例子有许多。每个人都有自尊心，人们最讨厌的就是自己的自尊心被轻视。在谈判中，如果直截了当地给对方以贬低、羞辱，刺痛之，激怒之，"冷水"浇头，就能够促使其丧失理智，而作出有利于我方的决定。

面对着号称百万雄师的曹军，孙权想与之决战，但又举棋不定。诸葛亮说："曹军势不可当，不如投降算了。"孙权非等闲之辈，乃争强好胜、不甘居人之下的一代英才，听了诸葛亮的话，火一下子就蹿了上来，反问道："那刘豫州为何不降呢？"诸葛亮说："刘使君乃汉室之胄，雄才大略，英才盖世，岂能甘心投降，任人摆布呢？"诸葛亮见孙权抗曹之火被激了起来，这才详尽地向孙权分析了孙刘联军抗曹的有利条件，最终坚定了孙权抗曹的决心。

诸葛亮并没有说东吴如何兵精粮足、人才济济，也不说其地势如何险要，反说曹军如何势大，假劝孙权投降，这样就激起孙权争胜、不甘寄人篱下之心，从而完成了联吴抗曹的任务，他用的就是激将法。

🎤 TED演讲箴言

在实际谈判中，我们使用激将法应该注意哪些问题呢？

1.因人而异

运用激将法需要因人而异，也就是要搞清楚谈判对手的性格脾气、思想感情和心理。对于那些富于理智的明白人，则不应该使用这种方法；对那些自卑感强、谨小慎微以及性格内向的人，也不应该使用这种方法，否

则只会让他们丧失信心，甚至愤怒。

2.拿捏好一定的"火候"

在谈判中使用激将法，还需要掌握好刺激的火候。如果火候太过，会给谈判对手造成一定的压力，使对手产生逆反的心理，可能他们还会坚持自己的观点；若是缺少火候，不疼不痒，则难以达到刺激的目的。

镇定自若，喜怒不形于色

在谈判中，最忌讳的事情就是谈判者慌乱、狂躁不安，自乱阵脚，言语过激，以至于语无伦次，漏洞百出。虽然这样发泄了我方心中的怨气，但恰恰给了对手以可乘之机，同时也将自己陷入被动位置。因此，哪怕谈判形势危急，也需要控制好自己的情绪，喜怒不形于色，并积极寻找对策，伺机反击。

谈判中常常会出现一些争执，这是极为正常的，但谈判并不是吵架，不是你将对方骂倒你就赢得了所有的胜利。反之，如果对手用侮辱性的语言激怒了你，而你火冒三丈、出言不逊，那你的处境将由主动变为被动，这样你就只能被对手牵着鼻子走了。

前美国国务卿基辛格是一位善于控制自己情绪的人。有一次，他在德黑兰短暂停留。当晚，伊朗首相邀请他去看舞女帕莎表演。基辛格看得很专心，帕莎表演结束后，他还跟她闲侃了一阵。

第二天，一名记者当众与基辛格打趣："你喜欢她吗？"基辛格很恼火，心想这帮好事之徒真是不放过任何一个细节，但表面他仍然一本正经地回答那位记者："不错，她是位迷人的姑娘，而且对外交事务也有浓厚的兴趣。"那记者很快就上当了："真的吗？"基辛格回答说："那还有假？我们在一起议论了限制战略武器会谈，我费了些时间向她解释了怎样把SS—7导弹改装成在级潜艇上发射。"

众人哈哈大笑，而那位记者则自讨了个没趣。

大多数有经验的谈判者通常都会控制自己的情绪，喜怒不形于色，而这也是他们赢得谈判成功的一个重要因素。谈判形式紧迫，不论采取何种方式来控制自己的情绪，都需要及时、有效地熄灭心中的怒火。如果任由情绪爆发，就会导致你说出一些不应该说的话，做出一些不应该做的事情，到时候只能后悔莫及。

即使情况已经非常糟糕，但还是镇定自若，这才算是谈判桌上的高明谈判者。在谈判中，任何的意气用事，都会给自己留下难以弥补的遗憾。

🎤 TED演讲箴言

1.巧妙控制自己的情绪

在谈判中控制情绪最简单的方法就是适当沉默，你可以整理自己面前的文件，或是喝一口茶，或是看看手表，或是留一些时间来思考对策。

2.镇定地对待对手的言语刺激

有时对手是为了让我方阵脚大乱，而故意说一些侮辱性的语言。对方情绪越是激动，我们越是要镇定自若，牢牢地把握谈判中的主导权。

转移话题，缓解僵局

在谈判过程中，针锋相对的尴尬局面随时都有可能发生，任何话题都

有可能形成分歧与对立。从表面上看，僵局的产生往往是防不胜防的，但其实，真正令谈判陷入危机的是由于双方感到在多方面谈判中期望相差甚远。对此，谈判专家总结说："许多谈判僵局和破裂是由于细微的事情引起的，诸如谈判双方性格的差异、怕丢面子，以及个人的权力限制等。"

有时谈判的一方会故意制造僵局，他们有意给对方出难题，搅乱视听，甚至引发争吵，以迫使对方放弃自己的谈判目标而向自己的目标靠近；有时则是双方对某一问题各持自己的看法和主张，产生了意见分歧，双方越是坚持各自的立场，彼此之间的分歧就越大。当然，不管出于何种原因导致的僵局，作为谈判的一方，我们应该及时缓解局面，以灵巧的策略缓和场面，巧妙转移话题，打破僵局，促进谈判的顺利进行。

在一次谈判中，双方为一个话题争论不休。甲方说："我希望贵公司能对我们所提出的要求予以答复，否则我们之间没什么好谈的。"乙方代表则无奈地表示："关于这个问题，我已经说过很多次了，确实没办法达到你们所提出的要求，以我们公司的规模来说，真的是难以办到。我只希望你们能降低一些要求，这样我们双方之间也能达成一个协议。"听了乙方代表的回答，甲方代表摇摇头，说道："对于这些条件是没有任何商量余地的。"说完，就打算起身离开了。

这时乙方代表中的一位先生开口说道："大家都说了一个上午了，恐怕肚子早饿了吧，我早就听说这酒楼有几道招牌菜，还没尝过呢。要不，咱们先吃饭，吃过饭再说这个问题。"听这样一说，甲方代表也觉得自己饿了，于是点点头，双方坐了下来，聊起了各地方的名菜。

眼见对方要起身离开，僵局已然形成，若是再不想办法进行挽救，那本次谈判就将宣告失败了。这时，乙方代表中的一位灵活多变的先生及时地转移了话题，让大家把注意力都放在了吃饭这个问题上，而僵局的场面也得到了缓和。

在谈判过程中，若双方所谈问题的利益要求差距比较大，而彼此又都不肯作出让步，就会导致双方因暂时不可调和的矛盾而形成针锋相对的局面。谈判桌上之所以出现这样的局面，其原因是双方的观点、立场的交锋是持续不断的，当利益冲突变得不可调和的时候，僵局便出现了。

🎤 TED演讲箴言

当僵局出现后，如果不进行及时的处理，就会对接下来的谈判产生不利的影响。当然，谈判过程中出现针锋相对的局面，并不等于谈判的破裂，不过它还是会严重影响到谈判的进程，在这时，我们需要灵巧地转移话题，突破僵局，等到气氛融洽之后再重新回到谈判桌上来。

1.灵活转移话题

若僵局已经形成，不妨短暂地结束这个话题，比如，"关于这件事，正如先生所言，的确非常有道理，但是暂且先谈刚才那个提案""正如你所言，这是非常重要的问题，所以稍后调查再作报告，在这之前先说说这个问题""这些宝贵的意见暂且先搁置，我们不妨换个角度看看"。

2.先声夺人

在对方完全摊开话题之前，你就先换个话题，然后立即说起来，不时地向对方征求意见，让他发表高见，并向他讨教解决问题的方法，同时自己保持诚恳的态度。这样对方就没有喘息的机会以及再提原来话题的时间。

言语试探，投石问路

　　向河水中投块石子，探明水的深浅再前进，就能有把握地过河。在谈判中，我们在与对手交流时，也可以先提一些"投石"式的问题，比如，"假如我们订货的数量加倍或者减半呢""假如我们和你们签订一年的合同或者更长时间的合同呢"，在略有了解之后，再进行有目的的洽谈。

　　使用这种方法，需要谈判者是一个有心人，可以从对方的回答中发现对方与自己的共同利益之处。进行试探时，你提出投石的问题，对方进行回答，这样你们就可以根据"问题"的突破口进行洽谈，便于快速达成双方都认可的协议。这其中最重要的是在听对方介绍时要仔细分析、认识对手，发现可以利用之处，再进行深入交谈，不断地发现新的共同利益。

　　投石问路是一种向对手的试探，也就是在谈判中经常借助提问的方式，来摸索、了解对手的意图以及某些具体情形。谈判中，投石问路是一种常见的方式，作为谈判的一方，你可以从对手那里得到对手很少主动提供的资料，以此来分析商品的成分、价格等情形，便于自己作出合适的决定。在谈判过程中，你提出的每一个问题都像是一颗探路的"石子"，你能够通过对产品质量、购买数量、付款方式、交货时间等问题的探问来了解对手的具体情况。

　　某商场，一位大叔正在电风扇专柜前驻足。一位销售小姐走上前问："大叔，这几天天气热起来了，您今天来是想看看电风扇吧？"大叔回答："对呀！""那您是想看台式的还是落地式的呢？"销售小姐继续问道，大叔想了想："放在客厅用，落地式应该好一些吧？"销售小姐点点头："对，在客厅用落地式的比较适合，因为它外形美，有气质，还具有装饰房间的功能。来，落地式风扇都在这边，您是需要我为您有针对性地介绍，还是想自己先慢慢挑选一下？"

销售小姐具体的提问恰到好处地引导了话题，同时，从顾客的回答中，销售小姐了解了其要求，从而灵活运用了销售策略。如果销售小姐不善于以提问来了解顾客的需求，那估计她在那里站一下午也难以销售出去一件东西。

在谈判过程中，不要仓促前行，而要谨慎向前，一边提问一边走路，如此方能获得自己想知道的信息。不断地投石问路能让对手疲于对付，如果对手想要拒绝我方的提问，通常来说是不礼貌的。而且，对手面对这样连珠炮式的提问，大多数都会宁愿适当放弃自己的利益，也不愿意继续回答问题。

🎤 TED演讲箴言

投石问路的方法并不能绝对奏效，因此我们在使用这个方法时还应该注意以下几个问题：

1.提问更具体

在正式谈判中，有的问题太泛泛而谈，让人难以回答；有的问题太笼统了，答案并没有在自己掌控的范围之内。为此，我们可以先问几个是非题或选择题等具体问题，把对手有价值的话题找出来，再继续往下问。

2.因势利导，巧用"对方"的石子

有时我们会遭遇对手的"投石问路"，这时不妨针对他想知道更多情况的心理，对其进行有意识的引导，提出反建议，将对手扔过来的石子还给对方。比如，"您问的问题我都答复了，怎么样，请您考虑我的条件吧"。如此因势利导，往往能促成谈判走向成功。

参考文献

[1] 宋洪洁.世界名人演讲大全集[M].上海：立信会计出版社，2010.

[2] Jeremey Donovan.TED演讲的秘密：18分钟改变世界[M].北京：中国人民大学出版社，2014.

[3] 龙小语.从零开始学演讲[M].上海：立信会计出版社，2015.

[4] 思远.脱稿演讲与即兴发言[M].深圳：海天出版社，2016.

[5] 宋豫书.TED演讲的8个秘诀：学习18分钟高效表达[M].北京：化学工业出版社，2016.